向上管理

赢得高层支持的项目管理之道

[美] 迈克尔·坎贝尔 著
G. MICHAEL CAMPBELL PMP
王磊 译

SUCCEEDING WITH SENIOR MANAGEMENT

GETTING THE RIGHT SUPPORT AT THE RIGHT TIME FOR YOUR PROJECT

人民东方出版传媒
People's Oriental Publishing & Media
東方出版社
The Oriental Press

图字：01-2018-3452 号

图书在版编目（CIP）数据

向上管理／（美）迈克尔·坎贝尔 著；王磊 译. —北京：东方出版社，2018.7
书名原文：SUCCEEDING WITH SENIOR MANAGEMENT：GETTING THE RIGHT SUPPORT AT THE RIGHT TIME FOR YOUR PROJECT
ISBN 978-7-5207-0465-6

Ⅰ. ①向… Ⅱ. ①迈… ②王… Ⅲ. ①项目管理 Ⅳ. ①F224.5

中国版本图书馆 CIP 数据核字（2018）第 148963 号

向上管理
（XIANGSHANG GUANLI）

作　　者：［美］迈克尔·坎贝尔
译　　者：王　磊
责任编辑：刘晋苏
出　　版：东方出版社
发　　行：人民东方出版传媒有限公司
地　　址：北京市东城区东四十条 113 号
邮　　编：100007
印　　刷：北京楠萍印刷有限公司
版　　次：2018 年 7 月第 1 版
印　　次：2018 年 7 月第 1 次印刷
印　　数：1—6000 册
开　　本：880 毫米×1230 毫米　1/32
印　　张：8.375
字　　数：181 千字
书　　号：ISBN 978-7-5207-0465-6
定　　价：49.00 元
发行电话：（010）85924663　85924644　85924641

本书谨献给所有那些曾为了项目成功，艰难地从发起人那里获取关注和支持的项目经理们。我希望本书能够为你们提供实用的路线图。我很愿意在亚马逊收到你们的书评，并承诺竭尽所能向你们反馈。祝你们在三重约束下万事如意！

致　谢

我衷心感谢蒂姆·柏格德（Tim Burgard），他信任本书，提供指导，指明方向。我很感激能够有机会与如此优秀的编辑和组织一起工作。

感谢米兰达·彭宁顿（Miranda Pennington）和莱维斯联合公司（Neuwirth Associates）的所有人，他们的辛勤工作让本书得以出版并具专业水准。

我要感谢很多人，感谢他们能够教我如何更好地管理我的项目，特别是 Stephen Schwarz，Chuck Brown，Leslie Warren，Henry “Skeeter” Lieberum，Marc Edwards，Tim Probert，Jack Moore，John Bartos，Dave Feineman and Terry Minhas。

感谢我的妻子，莫莉（Molly），她始终不渝支持我的梦想。她和家庭的爱一直是我的生活基石。

感谢你们，所有购买本书的读者。我懂得对你个人和职业成功而言项目是多么的重要。你相信我能教授给你一些与追求成为更好的项目经理有关的东西，我为此感到荣幸。

目录 CONTENTS

第 1 章　理解高管们的实际状态　/ 001

通过拿破仑进军莫斯科来说明领导层在项目中的传统角色　/ 004

为什么向上管理如此困难？　/ 006

规划未来绩效　/ 007

第 2 章　准备领导层　/ 015

领导层应当如何参与？　/ 016

选择一名项目的支持者　/ 018

运营方做出的危险假设　/ 020

建立工作委员会和工作组　/ 021

工作组　/ 024

第 3 章　每位项目经理一定要回答的问题　/ 029

什么出了毛病或未达到预期？　/ 032

第 4 章 **建立关系和向上管理** / 041
建立关系和信任 / 042
琢磨如何保持联系 / 046
确定支持者是否能帮忙 / 047

第 5 章 **和高管发起人一同工作来理解项目** / 049
协作制定章程 / 050
和发起人一起工作确定范围 / 051
成功的标准 / 052

第 6 章 **和发起人一起评审相关方分析** / 063
谁是关心项目的关键相关方，谁会受到可交付成果的影响？ / 064

第 7 章 **如何有效运用各种倾听风格吸引高管参与** / 073
沟通的基本要素 / 075
倾听风格 / 076
每个人只用一种风格吗？ / 078
我如何来应用这些信息？ / 078

第 8 章　**你的态度及其在吸引高管参与中的作用**　/ 085
提醒发起人　/ 087
利用发起人来建立信誉　/ 088
从作对的人那里获得帮助　/ 090
危险信号　/ 091

第 9 章　**为发起人准备角色**　/ 095
确定你的发起人能帮什么以及如何帮　/ 097
说服相关方　/ 098
制订领导力计划　/ 100

第 10 章　**明确建立相关方沟通渠道**　/ 105
沟通：都是关于认知的　/ 107
让发起人参与规划沟通　/ 109
职权和技术专长　/ 113
混合媒介　/ 114

第 11 章　**与发起人建立内外部沟通**　/ 117
冲突和沟通　/ 118

要建立的四种情绪技巧 / 122

向相关方陈述 / 123

策略 / 127

用三部分建立 / 129

第 12 章 有效利用高管的副手 / 131

工作委员会 / 132

如何应对政治 / 136

第 13 章 实施风险减轻策略和高管发起人支持 / 141

发起人的风险容忍度 / 144

有效管理恐惧 / 146

商业风险 / 149

第 14 章 和发起人处理项目的范围 / 153

定义范围 / 154

其他假设条件 / 156

被项目超出范围所影响 / 157

如何管理范围变更 / 158

第 15 章　**为关键决策提供选项和建议**　/ 163

决策支持包　/ 164

目的说明书　/ 166

拦路虎　/ 167

最终结果　/ 168

选项　/ 168

收益分析　/ 170

风险分析　/ 171

最平衡的选择　/ 171

展示选项　/ 172

第 16 章　**和发起人沟通问题**　/ 175

既定的升级流程　/ 176

使用根本原因分析来解释问题　/ 179

凝聚共识　/ 182

确定纠正措施　/ 183

第 17 章　**利用发起人和运营沟通**　/ 185

好消息–坏消息　/ 187

通知其余的管理团队 / 190
对时间敏感的决策 / 192

第 18 章 **利用发起人获取运营支持** / 195
提供运营需要的准备培训 / 197

第 19 章 **就跨职能问题获得帮助** / 205
发现相关方视角 / 207
升级以获得解决方案 / 209
时间敏感性 / 211
陈述信息 / 211
处理问题 / 212

第 20 章 **在公司政治旋涡中把握方向** / 217
可信的建议者 / 219
信任积木 / 220
强调解决方案 / 221
以商业目标为核心 / 222
公司政治的消极因素 / 223

第 21 章　吸引高管参与跨国和跨文化项目　/ 229

通用的商业语言：英语　/ 230

权力基础　/ 232

其他大障碍　/ 234

术语和缩略语　/ 234

人力资源　/ 235

敏感性　/ 236

第 22 章　处理与其他任务的竞争　/ 239

保持情景意识　/ 241

快速处理潜在冲突　/ 245

注　　释　/ 249

译者简介　/ 251

第 1 章

理解高管们的实际状态

每一位管过项目的项目经理都知道，高管的支持是项目成功交付的关键因素，但又的确不知道如何才能获得它。关于管理项目的好书有很多，从 PMBOK（《项目管理知识体系》）到不计其数的其他书籍，通俗如提供实践建议的各种“傻瓜版”指南，复杂至项目管理大师哈罗德·柯兹纳博士（Dr. Harold Kerzner）1200 页的长篇巨著——他这本书包含了项目经理所能想到的所有细节。但是，这些书没有一本能够帮助项目经理对如何吸引高管参与进行预先规划，或者告诉项目经理，当项目面临只有高管才能处理的问题时，该如何获得所需的支持。

那么假如需求如此明显，为什么还没有任何书写到过呢？我相信部分的原因在于**项目管理的性质本身。项目经理，顾名思义，会像经理那样思考，毕竟要管理 WBS（工作分解结**

构)、工作计划和预算。而高层管理者的思想通常高屋建瓴，并且对他们自己所发起的项目的细枝末节并不感兴趣。

一位高级总监告诉我，他的项目经理所提交的进展报告，用他的话形容，“啰唆到家了!”

由此可见，发起人和项目经理所用的语言不同，同时他们执行项目的方式也不同。例如，对于项目是否应该发起，以及其回报是否值得投资，大多数领导者都会深思熟虑，难下决心。从他们的战略眼光来看，投入任何特定项目的资金都可以用其他方式给公司赚钱，但是他们认为做这个项目是正确的举动，他们就会押上赌注。一旦他们仔细查看了所有选项，做出决定，向前推进，他们就认为他们的工作已经大部分完成。他们给项目安排一名项目经理，期望他在项目过程中提交例行报告，在项目完成后回来。**对项目始终关注的唯一一位高管——虽然这份关注往往是“远程”的，正是发起人。**

然而，项目经理们倾向于把项目看作战术执行。因此，既然他们倾向于关注任务和活动，而不是高管所关注的战略商业成果，他们通常就不擅长和高管打交道。在这个方面，他们非常类似中层经理，后者同样缺乏与高管们做沟通和打交道的能力。

本书的目标，就是为作为项目经理的你提供一系列与高管打交道的清晰原则和蓝图，以便你在需要的时间获得恰到好处的支持。

通过拿破仑进军莫斯科
来说明领导层在项目中的传统角色

如图 1.1[①] 所示，线条宽度用来说明法军在莫斯科进军期间的相对兵力，当他们从波兰越境时有 40 万名士兵。圆点代表从进军到败退之间的主要战役地点。黑色线条显示了败退期间法军的减员。值得注意的是，当军队离开莫斯科时，已经削减到只有 10 万人。而当他们越境回到波兰时，只剩下了不到 1 万人。图的下部展示了撤退期间的摄氏温度，最后达到了零下 38℃，这是摄氏温标和华氏温标数值相等的温度[②]。对于法军来说，这的确是如地狱般无法承受的严寒。

---

① 编者注：该图名为《拿破仑东征俄国信息图》，描述了拿破仑在 1812 年到 1813 年进攻俄国时所遭受的灾难性损失。信息图背景是真实地图，西起波兰边境，东至莫斯科，图中综合了 6 个变量数据：拿破仑的军队人数、行军路线、气温、地理位置、行军至特定地点的时间及距离。线条宽度表示拿破仑军队人数，浅灰色线表示进攻路线，黑色线表示撤退路线。

② 编者注：此处为作者原文。摄氏温标与华氏温标的换算方法为：华氏度（℉）= 32+摄氏度（℃）×1.8，精确地说，摄氏温标和华氏温标数值相等的温度是-40℃（亦即-40℉）。

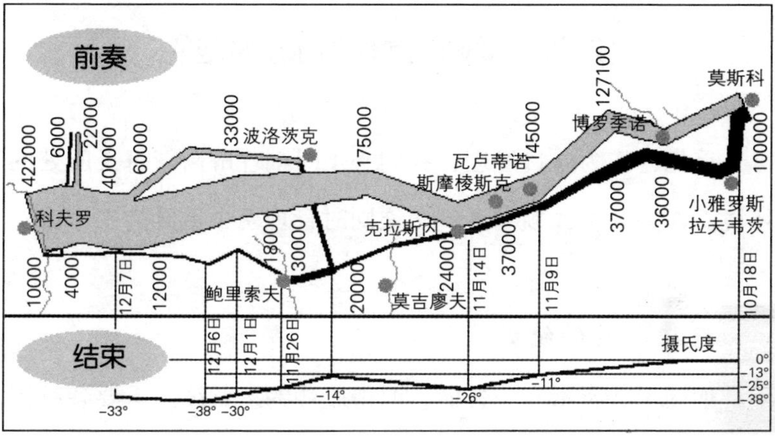

图 1.1　拿破仑东征俄国信息图

1869 年查尔斯 · 约瑟夫 · 密纳德（Charles Joseph Minard）作图

与拿破仑对俄之战一样，项目开始往往大张旗鼓，形形色色的相关方都来支持。然后随着项目进展，战斗——在项目里我们称其为问题——发生了，支持开始减少。如果项目经理不善于管理期望，引入变更管理，提供有力沟通，整个项目就会被相关方拒绝或忽视。更糟糕的是，当项目最终结束时，领导层团队中几乎没有人，包括发起人，甚至还记得有过这么一个项目。即使他们还记得的话，也只会记得问题。我们怎样才能阻止这一切在我们的项目上发生呢？向上管理的秘密正是本书要讲的内容。在本书中，我的观点大多与上市公司有关。然而，我曾经在大型非营利组织工作，例如美国癌症协会，事实上我要论及的大部分内容也适用于它们。

为什么向上管理如此困难?

首先，作为项目经理，我们必须时刻理解高管每天所处的环境。作为高管，领导者们必须同时管理**两个重要的工作流**。

日常运营的绩效

如图 1.2 所示，一方面，取得成功的运营绩效需要各种因素。运营的优先级是：

- 持续不断的盈亏压力
- 尽可能精简人员编制
- 事半功倍提高生产率
- 提高效率剔除无用流程

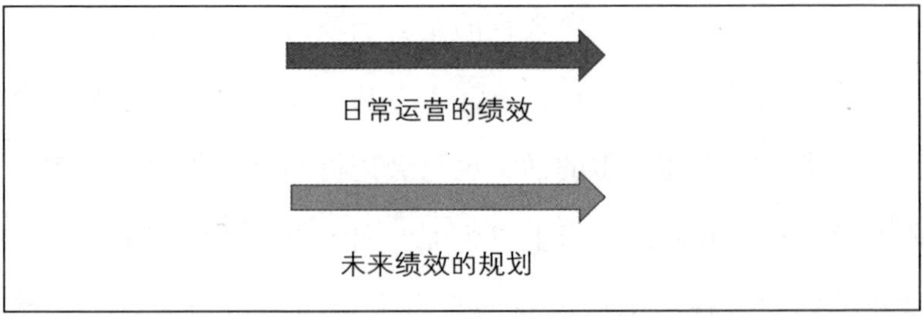

图 1.2　高管必须同时兼顾的问题

这些高层面的主题，正是 CEO、CFO 以及其他高管们，必须做好准备在季度电话会议上与华尔街或他们自己的董事会进行讨论的主题。

另一方面，有两点重要的注意事项，来源于公司的客户和竞争者：

1. 提供更低的价格
2. 交付更好的服务

客户不断地要求更低的价格，而与此同时他们还要求更好的产品和服务。所有的高管都知道，如果公司不能交付这两个关键需求，公司的竞争者就会趁火打劫、抢走客户。

规划未来绩效

公司的客户和竞争者也同时驱动着第二个优先项：处理客户的未来需求。这也往往正是我们的用武之地。

项目要满足商业需求

项目往往始于处理一项或多项需求。如图 1.3 所示，项目的驱动因素可能是：

- 扩大产品生产的市场需求
- 培训员工新技能的组织需求
- 来自关键客户的特定要求
- 来自政府或监管机构的法律要求

项目和项目集将会带来大量成果，但是有一点是永远不变的：**提高未来绩效的需求**。发起人就是高管层安排来交付商业收益的人。项目经理则是无论项目大小，承担全部责任进行协调，确保所期待的最终结果能够按时在预算内达成的人。这就是为什么发起人和项目经理一起密切合作是如此关键。

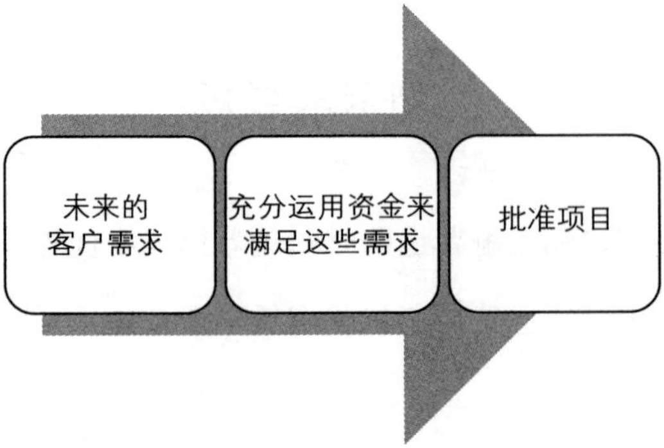

图 1.3　批准项目的流程

未来绩效的整个计划，始于领导团队关于客户未来想要什么的讨论。他们必须注意下列问题，无论这些问题是客户需求的简单增加还是需要真正的重大变革。

一位高管告诉我，在讨论新产品或服务时，管理层必须回答以下四个问题：

1. 为什么我们相信客户会为这个新产品或服务付钱给我们？
2. 我们相信我们能够成功交付这些新产品或服务吗？
3. 我们能够管理与交付这些新产品或服务有关的风险吗？
4. 一旦我们把这个新产品或服务移交给运营，我们有信心能够获得正确的投资回报（ROI）吗？

正如你能想到的，讨论漫长而艰难，因为所有问题的答案是基于各种各样的假设。如果其他的高管挑战这些假设，提出新产品或服务的人必须准备好反驳他们。很明显，没有万无一失。总体上，领导团队的确会对在哪里下注达成共识。他们的赌注通常涉及大量的金钱！

在此补充一个事实，即对于这些未来的举措，公司能够或愿意投入的资金非常有限。一旦共识达成，领导团队将决定哪个方案获得批准成为项目。

疯狂的现实是，一旦形成决议，大多数管理层成员不再考虑某个特定的项目，除了一个人——这个人被称作发起人，他对交付举措负责。

政治和看法

你要理解的另一个现实是你的发起人所处的政治舞台。一个人在组织结构图中的位置越高，下一次晋升的竞争就越大，因为可供获得的位置寥寥无几。不要忘记在这个层面，每个公司的议事间[①]都被 A 型人格[②]的人们占据——他们强势又独断。

沃伦·巴菲特（Warren Buffet）曾经观察到公司经营管理的两条规则："第一条规则是，不要失败。第二条是，不要忘记第一条。"

---

① 编者注：原文为"suite"此处有比喻义。

② 编者注：20 世纪 50 年代，美国学者梅耶·弗里德曼（Meyer Friedman）和雷·罗斯曼（Ray Roseman）在研究心脏病时，将人的性格分为两类：A 型和 B 型。A 型人格者较具进取心、侵略性、自信心、成就感，并且容易紧张。A 型人格者总愿意从事高强度的竞争活动，并对阻碍自己努力的人或事进行攻击。B 型人格则较松散，与世无争，对任何事皆处之泰然。

环境真的会危害到你的发起人。他或她必须表现出对项目的全面掌控。在这个层面，看法是一个强大的力量。如果发起人被认为是软弱的或失控的，就要付出政治代价。**如果项目看起来失去控制或走向失败，你必须意识到你的发起人将会开始与你和项目进行切割**。他们不可能和同事承担政治上的代价。

一旦项目审批通过，在这一时间点，我们作为项目经理就走上了舞台。我们没有参与此前的所有讨论，但是在第 3 章，我会告诉你如何获取审议期间的更多信息。

如果项目经理理解驱动项目的商业需求，项目就会成功。否则，就不会。在相当长的时间内，项目将会被品头论足，不只是它如何满足既定的目标，还有它是否达成了整个商业目标，以及项目被假定要获取的预期商业价值。项目经理必须和发起人密切合作，获取定期反馈，以确保项目——正如刚被确立时那样——还在取得商业目标。在项目进行过程中，有几项因素可能会改变，如：

- 经营情况
- 公司目标
- 管理人员

■ 相对优先级

■ 突然出现需要介入处理的风险因素

通常你的发起人会比你更早看到这些变化。因此，当你和发起人谈论项目时要记住这一点。不要只是关注项目的战术表现，同时还要借助你的发起人把战略目的牢记于心。

所有项目经理都必须明白另一个事实，其贯穿在连续不断的运营绩效和未来绩效的拔河比赛中：日常经营将会总是获胜。有些因素将会影响你的项目表现，但是所有项目经理都必须评估这个事实将会如何影响他们的项目，必须在风险登记册中记录这些风险及其减轻策略。

另外还要注意

作为《职业脉搏深度报告 2014》的一部分，项目管理协会（PMI）收集数据并发现了发起人和项目经理之间一些非常有趣的脱节。下面是与项目有关的关键领域的一些分析结果。

■ 激励项目团队

▶ 34%的项目经理说发起人经常试图激励团队

    - ▶ 82%的发起人说他们经常激励团队
    - ▶ 两者看法相差 48%
- ■ 积极倾听
    - ▶ 42%的项目经理说发起人经常积极倾听
    - ▶ 88%的发起人说他们经常积极倾听
    - ▶ 两者看法相差 46%
- ■ 沟通
    - ▶ 47%的项目经理认为发起人经常有效沟通
    - ▶ 92%的发起人说他们经常有效沟通
    - ▶ 两者看法相差 45%
- ■ 管理执行中的变更
    - ▶ 37%的项目经理观察到发起人经常有效管理变更
    - ▶ 82%的发起人说他们经常有效管理变更
    - ▶ 两者看法相差 45%

很明显，对于项目发起人的作用，项目经理和他们的发起人看法非常不同。

本章的目的在于帮助你理解，为什么当你需要时，你从发起人那里获取支持是如此困难。后续章节将会探讨你如何才能改变这个局面，并为你的项目在恰当时候获得正确支持。

记忆要点

- 理解高管们的实际状态
- 承认保持他们对项目的注意力很难
- 对商业结果保持关注

第 2 章

准备领导层

在第 1 章，我们关注的是向上管理如此困难的原因，我们也提到了在高管和向其汇报的项目经理之间所涉及的相关领导力的脱节。因此，项目经理必须解决这个问题：“为什么高管的领导力对于项目成功如此重要呢？”通常原因是，人们总是响应他们的“老板”认为重要的议程。那么，他们是如何确定什么对老板是重要的呢？他们解读信号——留意什么是老板一直谈论和在乎的。如果你设身处地，也许就能按自身的经历来识别这个倾向。

领导层应当如何参与？

尽管对于特定的活动和任务的细节，领导们很少有时间或感兴趣，但是对于项目经理来说重要的是向他们沟通清楚其特定的角色和职责。项目经理必须在项目期间的某些时候与发起人一起工作，来和领导团队沟通，发起人会呼吁他们积极参与，传递信息，或者当发生困难时予以介入。例如，如果你需要一位领导向组织提供一份重要信息——你期待为项目获得人们的承诺，那么她应该乐意去做。

因此，项目经理必须制订详细的沟通计划，向发起人和其他领导人强调，他们有时会被期待传递特定信息或参与特定活动，他们对项目成功非常关键。根据我的经验，如果他们知道如何出力以及来自他们个人的消息为什么重要，领导们通常非常愿意来和组织沟通。

如果你是一名沟通高手，这通常意味着你（或者，如果你不是沟通高手，项目团队里的某个人）会被要求起草信息或至少提供一份高管可以使用的草稿。

管理风险

在大多数情况下，公司领导将会审查和编辑信息，以便听起来更符合她的提法。这没有什么错，只要基本思想原封未动。如果领导（或公关部）开始把信息编辑得失去中心思想，你需要更好地来解释你想要达到的目标，提醒她如果偏离你已经起草的内容将会带来的风险和可能的后果。

如果由项目团队里的一名沟通专家来制定信息，你可以让他参与对话。这名专家也许可以更好地解释所起草的措辞和方法的背后意图，特别是如果本就是由他起草的话。

还有，在规划和执行项目期间，许多项目经理要进行多层管理。众所周知，中层经理不好相处，但是我们需要他们。为什么项目经理必须和他们一起工作呢？原因相当经典：他们是在公司里负责指导大部分工作完成的人。还记得在第 1 章谈到的运营和战略视角的讨论吗？这些经理们只聚焦于运营，而你的项目有着不同的目标。如果他们不理解来自高管（对此项目）的承诺，或是看不到显而易见的证据表明这种承诺，他们就会觉得他们的配合是可选的，而不是强制的。有时，在这种政治旋涡中把握方向，（项目经理）需要来自高管的帮助。有时候，一些中层经理甚至会挑战项目，也许是想验证高管团队的承诺，也许是想质疑某些已做出的商业决策。应对这一群体的挑战，超出了大多数项目经理的能力。

选择一名项目的支持者

拥有一名高管发起人，这个理念由来已久。鉴于已经被其他书籍（如 PMBOK）充分说明，这里不会赘述这一角色的细节。不过，我们曾经或长或短地管理过项目的人大多会承认，让发起人长期参与一个项目的全程，以便他们在项目需要时做好准备帮助你，这往往是非常困难的。这就是为什么我认为寻求传统的项目支持者角色非常重要。根据我的经验，支持者的最佳候选人需要具备一些帮助你让项目成功的关键特征。

■ 首先，他们被发起人明显信任，有能力向高管们提供明确无误的项目信息。这些知识可能是好消息或坏消息，但也可能是求助。大多数时候，支持者可向发起人直接汇报，因此，经常拥有比项目经理更便利的联系渠道。

■ 其次，他们对项目所影响到的业务部门具备全面理解。我们最成功的支持者通常是在组织的各类部门负责过实操作业的主管层面的人。

■ 由于常常会在政治旋涡里成功把握方向，他们担任工作委员会（Working Committee）的主席（我将会在后面详细描述）并领导该群体。

■ 他们就跨职能的问题和发起人协作。参与项目的每个部门可能有不同的高管和经理，得有人帮助你协调问题，达成决议。

就如你能看到的，发起人和支持者能够在许多方面帮助你。

运营方做出的危险假设

另一个你需要发起人和支持者承担的角色是提醒运营群体他们在项目里的角色。

运营方做出的三个假设必须被修正。

1. 运营方假设项目方负责实施的准备。实际上，运营团队必须负责实施。

2. 运营方会低估为项目交付成果做好准备的复杂度和难度。我的大部分项目是关于新的系统和应用软件，运营方通常认为它们就是简单的即插即用，类似最新的视频游戏。实际并非如此。

3. 运营方并不明白（使项目）与工作流程保持一致需要大量的时间。

所有这些假设需要发起人和/或支持者来帮助解决。其中一个方式就是沟通。事实上，作为项目经理，我可以简单起草最基本的沟通内容，如电子邮件、公告和演示文稿等，这些都是发起人和支持者要向组织去传达的。然而，特别重要的是，这些关键的沟通来自他们而不是我这个项目经理。当我们在第

6 章关注相关方分析，一个关键问题就是谁应该传递信息。在大多数情况下，项目团队外部的沟通，应该由发起人或支持者负责——往后会更多。

在确定支持者之后，我会试着和他一起工作，寻找正确的人组成工作委员会团队。

建立工作委员会和工作组

我认为成功的项目经理会把工作委员会成员当作她的项目团队的关键延伸来看待。组建工作委员会和各种工作组有几种考虑。如前所述，其任务在于识别和确定公司必须提供的关键人物。

不幸的是，由于他们不同凡响，受人尊重，这些人会经常被要求担任这类角色。我经常不得不向我的发起人解释，相关领导支持项目的关键信号之一就是他们愿意提供这些人来为项目工作。这一策略的确有风险。为了实现策略，我必须确保我不会因为他们中的某些“当前可用”就轻易选择他们。你很快会发现，如果你还没做好准备，往往就没人会想要他们在项目上工作。

工作委员会和工作组的最大区别在于工作委员会应该在项目全程保持不变，而工作组要解决交给他们的特定问题，然后被解散。

发动各种部门或小组非常重要，它们会被项目完成的各种变化剧烈冲击。工作委员会的既定工作是考虑项目团队提出的各种选项，就应该实施哪个选项做出决策。

风险管理

我曾负责一个实施客户关系管理（CRM）系统的项目，这个项目几乎涉及这家销售医疗设备和用品的公司里的每一个部门。介绍一下背景，CRM 系统是一项让公司管理和分析客户关系的技术，可以实现提升客户服务和促进更多收入的目标。因此，我的项目所需的关键参与者包括销售、市场、IT、会计、生产和采购。实际上，这里的每个人代表着公司里的“选民”，他们需要牢记是以该角色被选中的。当项目团队想方设法实施 CRM 解决方案，我要求工作委员会成员要记住，他们要让这些关键“选民”参与有关影响业务的常规讨论。

沟通和工作委员会

一些工作委员会成员的一个关键问题是，“为什么在项目过程中这个小组具有沟通角色?”这是一个好问题。答案就在这里，他们是“交通工具”——眼睛、耳朵和声音——让人们获知项目进展如何，就运营方所关心的我们正在做的事情为项目团队提供反馈。工作委员会成员将会被要求遵循一套流程来制定与他们的“选民”相关的决策。

在项目期间，在制定任何与项目的可能变更有关的关键决策前，我会要求工作委员会成员并与之达成一致，工作委员会将和他们的“选民”举行讨论，并对他们的想法和关注进行“民意调查”(如图 2.1 所示)。

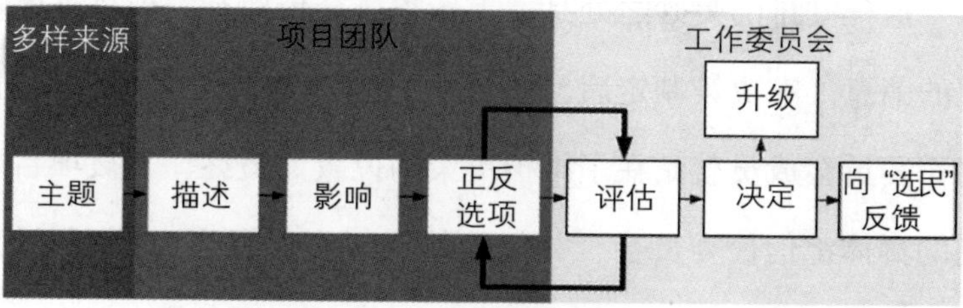

图 2.1　商业流程变更流程

委员会成员应将接收到的信息带回项目团队讨论，该动作应早于决策制定。任何顾虑能紧接着得到处理，团队能够基于他们的决策以最佳方式让工作得以完成，为达成商业目标而不是实现最佳的技术解决方案。我的目的是让项目与业务和商业保持一致。如果商业气候或景象在项目期间发生改变，工作委员会将会获知并有能力为项目团队提供公正的提醒。

要注意，一些工作委员会成员不会和“选民”进行讨论或者通知他们，还会试图自行决策。这就失去了工作委员会的初衷。为了防止这一点，我经常和形形色色的“选民”中的其他人建立单独的关系。我会定期与他们交流，测试他们从工作委员会成员那里听到了什么，以及他们怎么看待项目。这对我很有效，通过举一些特定的具体例子，我能够有针对性地与任何不善于沟通的工作委员会成员解决我所顾虑的问题。

这样安排的美妙之处是，工作委员会传播有关项目进展情况的消息。在决策制定后，如果他们的“选民”有任何反对，工作委员会成员就站在了维护决策的位置。最终，当被项目影响的群体都信任委员会，并相信他们正在照顾自己的利益时，最有效的沟通工具来自工作委员会内部的人们。

工作组

工作组往往是工作委员会的一部分，但是它们通常包括拥有特定知识或经验的其他成员。如图 2. 2 所示，典型情况下工作组处理两类问题：

■ 只影响某个小群体

■ 暴露了超出了项目范围的某个糟糕的商业实践

工作委员会	工作组
· 负责对项目各方面业务提出建议 · 代表受项目影响的职能部门 · 项目全周期的一部分	· 负责对特定的问题提出建议 · 仅代表受特定问题影响的职能部门 · 一旦建议被采纳就解散

图 2.2　工作委员会和工作组

让我们来举例说明。

问题 1 的一个例子是，项目团队卷进了销售部和会计核算部的冲突。问题是向 CRM 输入准确信息的相对重要性。销售部的立场是他们想把时间用在驱动销售和识别潜在的销售机会上。他们不想往电脑里录信息。即使他们认识到准确的信息能够帮助他们识别额外的机会，他们还是把这些任务看成相对不重要的。与之相对的是会计核算部，他们必须获得精确的数据和信息来完成公司的财务报告，更不用说及时收到客户回款。他们抱怨道，按照老一套，他们花费太多的时间来核对输入错误和处理对账。

在类似情况下，工作委员会里不受影响的成员真的不必参与所有细节的讨论，因此项目经理罗德（Rod）建立了一个工作组，包括来自销售部和会计核算部的代表，以及其他四位关键人物。他们的小组负责列出选项，带给整个工作委员会两方面的建议：

- 端到端流程有效所需的最小化信息
- 谁以及为什么要把信息录入 CRM

项目经理应不忘要求得到支持这两点建议的理由。这是让工作组考虑如何解释决策的方法。(巧合的是，项目经理拥有围绕决策的沟通内容!)

你能够开始看到这个方法对于沟通项目做出的与数据录入问题有关的决策的价值。在那之后，如果会计们抱怨缺少信息或者销售团队抱怨往 CRM 系统录入订单，他们就会被提醒他们的同事做出了决策。工作委员会全都赞同，高管也审批同意。这是强有力的信息，能够被各个小组所信任的恰当的人所传递。

关于问题 2，项目经常会暴露糟糕的业务实践，这真的超出了项目范围。在我们案例研究里有个例子，项目团队发现法务部用来审查合同的时间长度，是从销售部向生产部传递订单计划合同期间的一个关键问题。显而易见，该项目团队不应该掌管一个法务部内部的潜在流程问题。因此，项目经理就求助于支持者，鼓励组建销售、法务和生产构成的工作组，来处理这个问题。这个行动意味着，这个问题被及时从工作委员会和项目团队的工作范围抽出。支持者现在负责完成这部分工作。这对解决影响客户响应的严重业务问题非常有好处。

在这两种情形下，工作委员会和工作组充当了与项目正在寻求解决的问题和决策制定有关的基本交流工具。这并不是说不再需要和重要的相关方直接沟通：每一位项目经理仍然必须要做工作来确保多重沟通保持开放。然而，通过这种方式沟通工作更加容易了。

最后，你必须明白，公司内部的中间管理层是项目交付物成功实施的最大潜在障碍。如果你琢磨一下，就完全明白了：中层管理者是组织里的关键中枢。你必须保证让他们消息灵通，以便你获知或意识到他们对于你项目的可能关注点。工作委员会成员是和这些管理者沟通的不二人选。如果这个案例研究中的项目经理从一些制造部门主管们那里听到了对于项目的顾虑，谁会比工作委员会的制造部门代表更适合和她一起去找他们对话呢？我们将在第 10 章提到沟通计划，并谈到更多关于如何与他们一起工作和起草信息的内容。在第 11 章我们将看到，如何使用沟通计划来解决潜在的项目风险。

记忆要点

■ 确定管理层的需求如何与你的项目相关

■ 当你寻求合适的领导出面时，给他们提供草稿

■ 建立工作委员会来制定与项目相关的商业决策

■ 识别并定义一位支持者，他能够领导工作委员会，并在需要高层领导出面时有能力让他们参与

第 3 章

每位项目经理一定要回答的问题

项目经理们与其发起人之间的问题往往在一开始就产生了。这就是我鼓励你与你的发起人一起工作来回答本章提出的这些问题的原因。要记住发起人：

- 可能不知道答案，但能帮助你找到有答案的人
- 能够发起关键相关方的会议，而你个人通常很难接近这些人

项目经理可能会有一个协议或章程，但是这些文件并不会真的回答你作为项目经理要回答的一些问题。为什么呢？举例来说，如果你审查一个协议，会记得它的来龙去脉。这个文件是由一名或多名律师撰写，使用的是他们的语言和语境。虽然对于理解诸如交付物这样的高层级内容可能是有用的，但是很

多其他的细节就丢失了。

依我个人过去多年做项目的经验，我知道对于解决一个问题很少只有一个技术手段。那么我们要如何选择问题的最佳解决方案呢？大多数时候，被选择的是我们项目经理或团队的技术负责人所相信的最佳技术解决方案。尽管听起来简单明了富有逻辑，但是我们可能会发现我们所选择的答案并不是我们的发起人所需要的。让我介绍一个我亲身经历的例子。

在我职业生涯的早期，还没学会提出这些问题的时候，我曾负责为北美陆上油田的客户实施新型的自动化系统。按照发起人向我表达的，他希望建立一个系统，更快地为中央控制中心提供数据来监督和运营油田。我的错误是没有询问我的发起人他所说的“更快”是什么意思。你可能已经猜到发生了什么。我和团队工作得非常辛苦，系统升级上线，比以前提速20%。我们都欢呼雀跃地鼓掌庆祝。然而，好景不长。当我向发起人报喜时，我才知道，他所谓的“更快”是指数据要几乎实时，比旧系统快50%以上。因此，在他看来，这个项目在商业上实际是失败的，尽管我宣称它在技术上是成功的。

我们能否提供给他一个几乎实时的系统呢？当然能，但按照我们被给予的预算和计划做不到。如果我曾经提出了你在后面会读到的问题，我就会意识到我们——发起人和项目经理——并未达成共识。我可以向他解释：预期的系统可以交付，但需要对很多油田的硬件做出重大改进，包括升级相连接的组件；项目预算将会翻番，且最少需要一年的额外时间。我想如果我理解了他所定义的“更快”，并且解释了如果要完成它需要哪些条件，他就会对提速20%非常满意。我认为（他们）并没有胃口接纳那么多额外的金钱和时间成本。

如果我的发起人和我对于“更快”达成共识，我相信这个项目会被认为取得了商业和技术上的双重成功。

那么，有哪些问题会帮助你了解发起人内心的想法呢？这里列出的问题，会给你提供和发起人保持一致的关键背景。

什么出了毛病或未达到预期？

为了揭晓这个问题的答案，想一想问询的典型问题：

- 谁会受到牵扯或影响呢？
- 这会如何影响业务呢？
  - 作为发起人你的角色和职责是什么？
  - 那些向你汇报的人的角色和职责是什么？

- 这个情况多久发生一次？
- 你愿意有能力做些什么？
- 存在什么制约因素、假设条件和复杂性？

让我们来看一下这些问题，以确保我们理解项目的范围。如图 3.1 所示：

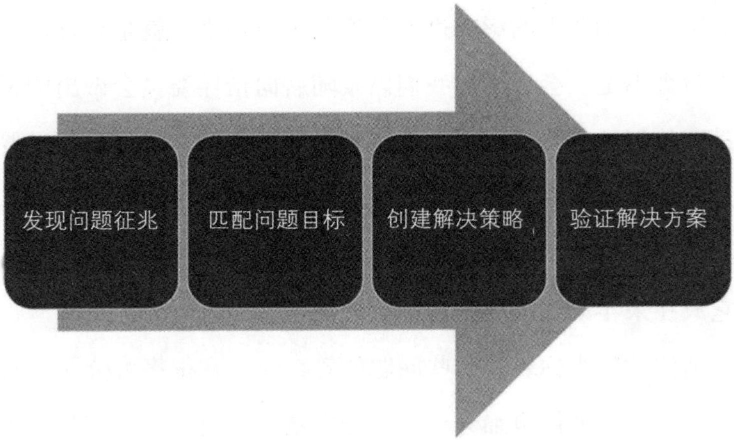

图 3.1　理解背景

谁会受到牵扯或影响呢？

为帮助我们理解谁是我们项目的关键相关方，这个问题的答案特别重要。答案很可能就是成为你发起人的高管所关注的地方。其他的关键相关方可能在项目中不负责决策，但他们拥有部分否决权。对于项目最终是否被认为成功，他们对解决方案的满意度将会是重要的意见。这里为了发现答案，要尽可能具体或详细。

在一个SAP（系统应用程序和产品）① 升级项目里，项目一直进展良好，直到SAP公司宣布发布“采购”部分的升级模块。你可以想象，供应链的人想要增加项目范围来包括这个模块。

在向发起人以及随后向指导委员会提交的简报里，项目团队对项目范围变更的影响进行了说明。影响之一就是会计部的人力将会不足。会计部向我们以及随后向指导委员会做出的说明是，他们的年终结账能力受到了影响。他们非常担心的是要在系统稳定之前完成他们的工作。

指导委员会理解担忧，决定推迟供应链模块（的升级），把它放在来年第二季度作为新阶段的一部分来完成。

请注意，当你获取这些问题的答案时，在很多大公司尽管找到很多人，他们也细分在各个分支结构。成功的关键是发现受项目影响最大的目标受众。

这会如何影响商业呢？

既然投入了时间和金钱来做项目的商业论证，通常这个信

① 编者注：SAP，为“System Applications and Products”的简称，是SAP公司的产品——企业管理解决方案的软件名称。

息会以某种方式包含进协议或章程。然而，你理解建立商业论证所用到的假设对你来说很重要。关于这个问题在商业上引入多少成本以及其原因，存在许多具体的情况。你应该尽力去发现是谁和/或怎样得出这些假设的。这之所以重要，是因为如果是你的发起人提供的商业论证假设，那就太好了。

这个问题是如何影响了发起人的角色和责任呢？

这里，你会非常精确地知道你的发起人正在经历什么危险。例如，如果发起人告诉你这个项目或举措是公司战略或方向变革的一部分，你必须意识到发起人即使不是对 CEO 负责，最起码也很可能是对这个部门的负责人负责。

你还要考虑哪些其他选项？

获得这个问题的答案将会帮助你理解为什么当初你的项目被批准，还有为什么你的发起人被选中。这个答案非常重要，因为当你的项目发生问题时——不出所料这种事总会发生，你就不会去提出管理团队已经考虑过并拒绝了的解决方案。

我非常清晰地记得我在负责一个系统项目时，在技术工作期间，我们发现不得不大幅度改变我们最初的配置。问题是，由于过于昂贵，这个特定的选项在立项时已经被高管团队考虑到并拒绝过。技术团队负责人和我不得不说明这个项目能够成功的唯一方法就是利用这个被拒绝的选项。既然我们认为这个选项是最佳方案，我们就要想到必须准备令人信服的证据来改变高管们的想法。这对商业论证也有影响。我们必须意识到高管们可能会关闭这个项目。

第一步是向发起人清楚解释面临的处境，让她同意这是解决问题的正确答案。她建议我们收集更多的数据来支持这个建议，因为她知道阻力会来自哪里，以及哪些信息可能说服这些人。

然后她和我发起会议向这些关键人物做工作。我们不会向指导委员会和盘托出建议，直到我们确认拥有了关键决策者的支持。

通过这些步骤，我们做好了面对指导委员会的准备。对于变更，特别是为什么我们没有提出其他选项，我受到了严加盘问。因为知道拥有房间里其他高管的支持，我的发起人对于团队的建议进行了有力的维护。我们的建议获得接受，允许我们成功交付项目。

这个问题多久发生一次？

这个问题可以帮你揭示之所以要成立项目来解决的问题的根本原因。你需要有能力确定根本原因在哪里。它可能是：

- 人
- 材料
- 设备
- 流程

记住这一点很有用：通常人们看到的问题有时只是真正问题的表面现象，他们的看法受所看到的表象影响。这个问题的答案将会有助于你去理解你探究先前问题时收到的答案，也为下一个问题提供了背景。

项目经常会暴露超出项目范围的糟糕的商业实践，知道这点很重要。你要和发起人一起工作来确保自己不被拖进解决糟糕实践的战争。不让范围蔓延，还能解决问题的最佳方式，是请你的发起人建立项目外的工作组，记录解决这个商业实践的建议。

你愿意有能力做些什么呢？

提出这些问题有助于找到项目成功的两个关键点。

1. 了解项目所提供的解决方案的真正新颖之处
2. 解决方案的接受条件

然而，要记住发起人常常可能不是同一阵营的人。你可能要考虑，带着答案找一些负责对已完成工作进行实际监督的关键并友好的经理们进行讨论。这些人通常在许多大型组织里都是处于主管层，他们通常与运营和战略都有瓜葛。要记住如果这些主管向发起人报告，就会生出是非。所以在讨论时，你有时可以解释下你所听到的，是用你的语言来理解而不是发起人的（我怀疑你会听到一些彻底脱节的东西），你可以反过来找到发起人，进一步澄清解决方案。同时让发起人和这些主管都满意，这对你非常重要。

同时，你也要收集有关解决方案接受条件的信息。要确保获得尽可能多的细节。如果有人说解决方案应该节省时间，要确保你明确知道他们谈到的时间具体多长。同时，要确认由谁节省这份时间。如果他们提到这个流程应该更加流畅，就要确定他们是如何评估一个流程更加流畅的。总之，你要寻找项目的接受条件。

当项目经理要确定接受条件时，他很可能面临的一个风险是明显的误解和夸大的期望。太多时候，供应商一旦向高管们销售了解决方案，就会在实际问题上反复无常。如果你相信你的发起人是个受害者，只要你有充分证据，就要尽快重新设定期望。我将在第 13 章中对处理这个情况提供更多的指导。

交付项目存在哪些制约因素、假设条件和复杂性？

例如，你需要理解用来建立商业论证的假设条件。作为风险评估的一部分，你需要做一些情景分析，假如环境改变了现有假设背后的现实。如果你的项目需要一年或好几年来完成，这就格外重要。你应该和发起人讨论这些潜在风险，确保他们同意你的减轻策略。如果他们不同意，他们可能会提出他们自己的减轻策略，这可能会更好，因为如果风险变成问题他们就会维护这个策略。

与假设条件有关的另一个因素是复杂性。例如，我负责的一个项目要对远洋船舶上的装置进行升级。但是，升级只能在船舶停驻港口时才能进行。很明显的一个制约因素就是船舶抵达的同时就要让我们的团队成员赶到港口现场。运输计划的任何变动都会很自然地影响我们的工作计划。

正如你想到的，我们在船舶上安装系统的进展发生了延期，当发生了超出我控制的变更，我需要发起人和支持者来支持我。

记忆要点

■ 回顾本章的问题，看看哪些跟你或你的项目有关

■ 确保你了解对商业的影响

■ 对你来说知道其他曾被考虑过的选项很重要

■ 从你的发起人的角度识别制约因素、假设条件和复杂性

第 **4** 章

建立关系和向上管理

为了更好地理解如何建立关系和向上管理，我想重温第1章的一些基本观点。你会记得高管们在做决策前要花费好多时间来考虑项目。一旦做出决策，高管团队中唯一还关心项目成功的就是你的发起人。要明确的是，并不是其他高管不在乎，只是因为那不是他们分内的事，因此正如古语所说的那样："眼不见，心不烦。"

另一个缘于现实的要点涉及发起人的政治利益，以及项目的控制感和稳定感对他的重要性。就是在这样的环境里，你要和发起人建立关系。

建立关系和信任

为了理解为什么和发起人建立关系如此重要，我们需要知道关系是基于信任建立的。韦氏词典（Webster's dictionary）把“信任”定义为“对于人或事的可靠、诚实、能力或力量的坚定信念”。

尽管说“关系是基于信任建立的”好像陈词滥调，但事实的确如此。无论婚姻、友谊还是工作关系，信任绝对是必不可少的元素。

那么，项目经理和发起人之间的信任为什么如此重要呢？当关系是基于信任建立的，双方就会感到可靠、认同、谅解和开放。一旦信任被减弱，或者如果信任不存在了，人们则倾向于隐藏他们的真情实感和信息。

信任建立的基础包括：

- 信誉："我相信你所说的。"
- 信赖："我能依靠你。"
- 亲切："和你讨论我感到舒服，我知道你关心我和业务。"
- 正直的人品："我相信你诚实而有道德。"

建立关系和信任也取决于你是如何和发起人沟通的。当想到沟通，我们通常想到的是发出信息和接收信息。然而，这只是沟通的一种形式。事实上，沟通存在层级（如图 4.1 所示）：

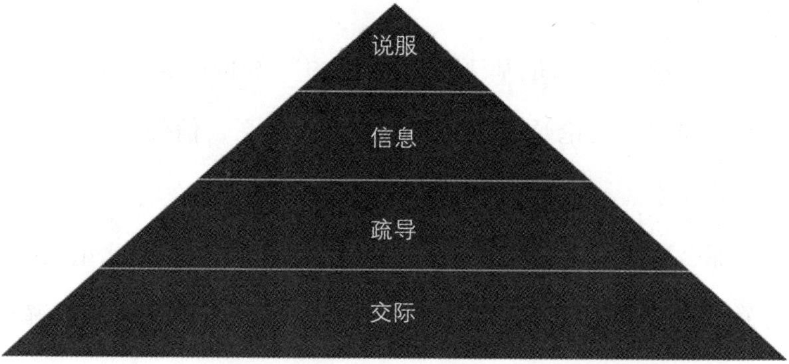

图 4.1　沟通的层级

■ 交际式沟通级别最低，但却是建立关系的真正基础。寒暄式沟通被视为用于社交目的和建立关系，而非沟通信息的沟通。

■ 疏导式沟通是通过开放地表达强烈情感来传递放松或紧张。这里要注意的是，有时发起人会对你或项目表现得不安，但是有可能是出于其他方面的原因，所以不要急于下结论。

■ 信息式沟通很好理解，反复传递数据或内容。

■ 说服式沟通用来改变某人的想法或意见。作为项目经理必须巧妙地避免使用这种沟通形式，除非你和发起人已经建立起牢固的关系。

建立信誉

对于项目经理而言，要在发起人心中达成信誉，你必须持续不断地展示你的专业性，不只是提供信息，还要借助你提出的问题类型，以及你做出的论断。

获得信赖

对工作表现出对于精确和圆满的追求，你就会获得信赖。这并不是说向发起人提供太多令他们难以持续跟随进展的详细信息，而是要按照发起人要求的详细程度来剪裁信息。最后，信赖表现为基于相关方关注点来追求快速解决问题。

达到亲密

通过持续不断地验证帮助发起人取得项目商业目标的承诺，项目经理会和发起人建立起信任关系。这种承诺会让项目经理和发起人心甘情愿地坦率沟通，共同投入到解决问题中。

展现正直

建立信任的最重要的特质之一就是展现正直。在第 1 章，我曾谈到发起人可能有时会发现自己处在与项目有关的艰难的政治环境中。发起人真正需要的是感觉到你是他可信的后盾。

这意味着你必须让发起人持续了解进展，当面对或被问到与项目有关的事情时他永远不会面临意想不到的情况。

琢磨如何保持联系

对于项目经理而言最大压力之一就是和高管保持联系。如果你的高管和我曾经遇到的一样——都是工作狂，那么连获得安排与他们开会都可能是一个挑战。尽管与我们的直觉相悖，事实上高管们往往比你还控制不了自己的行程。如果你真有机会去看看他们的日程表，就会发现他们大多数人奔波于一个又一个会议。这就解释了为什么大多数会议他们都会迟到：一旦其中一个会议超时，就会对他们一天的剩余时间产生多米诺效应。更多时候，为了让他们赶上其他会议，你的讨论项目问题的会议会倾向于被取消。其原因要回到第 1 章解释过的现实：你的项目只是面向未来业务的一部分，运营工作将会总是优先于你的项目。那么如何来克服这个问题呢？

我曾用过一个非常成功的方法，约我的发起人一起吃早餐。我曾经共事的高管们大多很习惯于早早就到办公室。有时候早晨最开始的时间是他们能够实际完成一些工作的时间段——在所有干扰到来之前。因此，看看是否能让发起人和你定期吃早餐。如果在这个你约定的会面时间他在出差，无论他那时是在哪里，要和他或他的助理重新预定时间。不过，要设法记得他的时区和位置，无论是早于还是晚于当地的正常工作时间，尽你所能预定时间，即使这意味着你要和他在晚上很晚或早上很早时交谈。相信我对你说的，你所经历的任何麻烦将会获得加倍的补偿。

确定支持者是否能帮忙

当支持者能够帮你管理上级时，就会事半功倍。我把支持者描述为这样的人，她在项目里有高层级的利益，对项目有积极的态度。通常一个支持者能够对其他的管理者有很强的影响力，因为她被认为非常精通工作，非常理解“事情进展情况”。当你努力要掌控政治旋涡和冲突的相关方优先级，因为特别了解业务，她就可以是你的非常好的同盟军。如果支持者向发起人汇报，就更好了！在这种情况下，由于这个报告关系，她可以更有机会接近发起人。支持者可以是你和发起人之间的管道，会让你深入理解发起人对特定问题或决策是如何考虑的。无论怎样，如果你还没有，那就通力合作去建立与支持者的关系。

记忆要点

- 理解如何建立关系和信任
- 建立信誉
- 获得信赖
- 达到亲密
- 展现正直
- 找到保持联系的方法
- 确定是否有支持者能够帮助你

第 5 章

和高管发起人一同工作来理解项目

协作制定章程

起草项目章程可以作为吸引你的发起人参与的第一步。项目管理协会（PMI）把项目章程定义为批准项目开始的正式文件。对此我实际并不赞同。我认为项目章程的作用是在项目经理和发起人之间充当重要的沟通工具。回顾一下商业论证、建议书（如果曾经制定的话），还有协议（如果有的话）。基于所有这些文件，起草章程，包括：

- 项目背景，包括项目应该解决的商业问题
- 期望交付的商业收益
- 项目范围
- 将要产生的可交付成果

■ 时间线和预算

和发起人一起工作确定范围

无论如何，与发起人协作的一些关键内容真的很有价值。首先，也是最重要的，就是确定：

■ 哪些在范围内
■ 哪些在范围外

按照我过去多年的经验，对于哪些在范围内，通常会有一个总体协议。但是，对于项目经理而言，危险的是确定哪些在范围外。例如，我的许多项目是交付新的系统供商业使用。通常协议或工作说明书会包含培训。这就其本身而言并没什么，我通常理解成应该把通用培训包含在实施中。可是，很多时候当我强调定制培训超出了范围，我从发起人那里得到的是批评。他希望培训要具体化地基于我们安装和为用户调试的方式。现在仔细想一想这意味着什么。

正如你能想到的，通常在临近项目收尾，我们正在准备上线时，培训才开始。假如项目的最后阶段，我才发现被需要的是定制培训，那会怎样？那将会是个灾难。如果我已经在章程里说明了定制培训不在项目范围内，可能会有两种好得多的结果。

1. 我的发起人从最开始就纠正我的期望，我相应调整范围，把定制培训纳入计划里。

2. 发起人不纠正我，关键的相关方对于提供的培训表示失望，因为它太一般化了。那时，我会恰当地指出发起人同意定制培训不在范围内。问题的焦点改变了。在这个情境下，关键的相关方是对发起人有意见，而不是对我这个项目经理！

成功的标准

另一个关键因素是通过发起人获知成功的标准。例如，回忆我早期的一个项目，需求是让所有用户更快地创建报告。我们努力工作，交付了自认为成功的项目。问题是我没有问过我的发起人他的所谓“更快”是什么含义。我们已经根据要求把报告创建时间缩短了 20%。但是，我的发起人期待的是，我们应该缩减一半的时间！我吸取的教训是，要从最开始就搞清楚“成功”的标准。这和我们在大学时都曾用过的要点一样：我们从最开始就想知道，“我怎样才能在班里得 A 呢？”

澄清假设条件

在章程里，我也想包含假设条件和/或制约因素，我把它们看成项目的一部分。例如，一些系统项目需要在大型远洋船舶安装系统。一个项目制约因素是船舶必须停在港口才能安装系统。前提假设条件是我们拥有各类船舶到港的精确计划，以便我们能够建立项目进度计划，并相应配置项目资源。通过和发起人一起制定章程，我们把制约因素和假设条件都包含了进来，如果一个船舶没有按计划到港，其对于项目进度计划的影响是显而易见的，既然我们已经提前讨论过，发起人就会更加理解和关照。

在大多数项目里，已创建的可交付成果常常会产生变更，妨碍人们工作。当相关方问道，“我们到底为什么要做这个项目呢?”此时高管的一个关键作用，就是帮你做出解释来影响相关方。

进行变更论证

按照标准模式来说，如果你意图建立一个健全的沟通计划，就需要回答一些常见问题。这些问题是：

- 从商业角度，我们为什么要做这个项目呢?

■ 为什么我们要现在做呢？

■ 成功完成这个项目的收益是什么？

■ 不成功完成这个项目的后果是什么？

尽情编辑这些问题，以便适合你的项目和实际情况。毕竟这些都是常见的问题：一旦管理层提出一项新的举措，大多数受到项目影响的人会这样问他们自己或其他人。

在创建变更论证时，你是在试图为解决方案塑造认知，建立意识、知识和欣赏（如图 5.1 所示），这个解决方案是你要交付的项目的一部分。

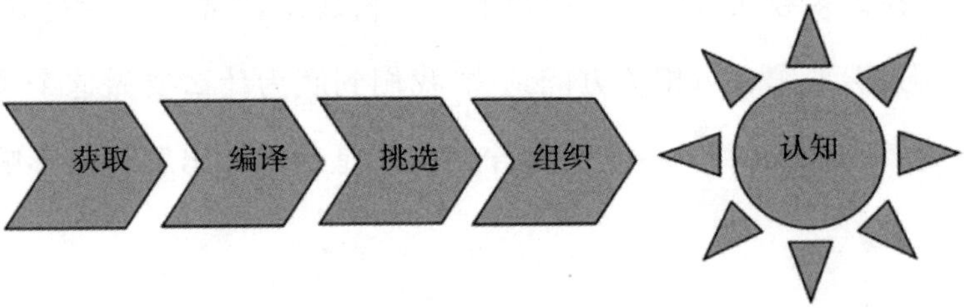

图 5.1　典型的认知过程

一开始，我总会起草一份文件，我建议你也这么做，以便你的发起人能够纠正和/或使用它。在多数情况下，带着发起人能够给予反馈的文件草稿进来，再好不过了。一些我曾交流过的项目经理会尝试用一张白纸开始，最终以灾难告终。发起人不想花时间从零开始。即使你用一份认真起草的文件开始，试着和发起人一起编辑，你仍然会学到重要而有价值的信息。

当然，变更论证的目的并不是记录全部生动的细节，如成本/收益分析，投资回收率（ROI），净现值（NPV），等等。不过，如果你有一份认真起草的商业论证，通常你就可以收集到许多早些时候提出的问题的答案——最起码足以用来提交草稿给发起人。作为项目经理，你需要吸引发起人，然后是其他关键的相关方参与，来确定他们对这些问题的回答。请注意，有些人可能不能用日常语言回答它们。他们可能倾向于向你提供典型的标准商业论证语言，因此你将不得不进行编译和解释来验证你的理解。确定关键的领导和你的发起人是否在答案上有重大不同，这对你们都很有用。发起人将会需要和她的同事协商，以便保持一致和确认期望。

走进发起人的心

和发起人一起工作处理这些问题还有另外一个关键目的：你收到的答案帮助你“走进发起人或其他关键高管的心”。记得第 1 章我曾指出的项目批准的环境吧？我提到领导团队曾经考虑过许多选项，然后决定执行你的项目。和发起人一起工作来回答这些问题，应该会给你一些关于这些答案的背景。你不曾参与这些讨论，除非被提示到，否则你的发起人可能不会主动给你这些背景。我希望，和你一起工作来做变更论证，将会推动她想起来在这方面尽量帮助你。

向发起人展示信息

如你所见，在图 5.2 里，对于你和发起人建立关系，我提出了一整套的步骤建议。每一步都会帮助你理解发起人如何看待项目，以及对他们真正重要的是什么。当你后续必须向发起人展示信息时，它可以让你去选择用哪个策略。

可交付成果/活动	要　求
章程	协作，作为沟通工具
范围	确认范围，特别是范围外的活动
成功标准	精确定义如何能使项目被看作成功
确认假设条件	商业论证，但也可能包括制约因素
变更论证	回答与项目有关的“为什么”的问题
展示信息	每次沟通的策略和目的

图 5.2　和项目发起人一起工作

在向发起人展示项目材料时，我曾经用过多种策略来组织信息。我会首先让你了解策略，然后解释我如何选择一个合适的策略。

■ 大局图/小局图：我发现这个策略对于高管非常具有说服力，因为它展示了项目如何朝着项目努力达成的商业目标推进。我非常努力地工作，把数据和信息直接与这些目标相捆绑。我发现如果你不弄清楚其与任何目标的相关性，那么就不要使用某项信息。我不是说它可能没用。当数据能够用来回答一个问题，你就可以把它作为备份。

■ 问题/解决方案：当我汇报项目有关的问题时，这个策略会非常有效。按照这个方法，我可以在项目遇到的问题和项目团队正在努力得出的解决方案之间来回循环。最为高效的是，我尝试思考发起人将会回答的问题，确信有信息来回答它们，阐述信息如何支持推荐的解决方案。这个策略的另一个变形是问题/答案技术。你会选择你相信发起人将会想到的有关项目的问题，并尽你所能深入问题和答案。不管怎样，目标是要让你的发起人相信你有清晰定义的问题，并且正在努力得出解决方案。记住，从政治角度来说，表现出项目可控是非常重要的！

■ 先主后次：当我发现我和发起人的时间总是看起来比最初计划的要短时，我发现这个方法就特别有用。在这种情形下，我总是会用对发起人最关键的信息来开始，尽我所能地深入介绍可能被忽略的材料，而不会迁就于发起人对项目进展和状态的当前了解。那样，即使我被缩短了会谈时间，我能确信自己已经覆盖了所有最重要的细项。

■ 比较/对照：如果一个最近的其他项目出现问题，而我的发起人担心同样情况下我的项目的结局，这个策略就特别有用，要记住来自以前项目的政治代价。按这种方法，我会向发起人更新进展，解释这个项目如何不同（比较），以及这个项目如何被更加有效地处理。然后我会指出现在的项目的状态和早先项目的相似性（对照），不过现在的项目团队把问题处理得更好。有时，我颠倒次序，先“对照”，再“比较”信息。

那么，现在让我们看看我是如何决定自己可能会采用哪个策略的。首先要考虑的是要理解我更新信息的目的。

你想让发起人怎么样呢？

■ 知道

■ 去做

■ 感觉

当向发起人展示信息时，你应该有能力完成这句话：

“提供这个信息的目的是……”

我决定目的是什么，并据此工作。我一直相信认为信息本身会为自己说话的人完全错了。请意识到若使用我刚刚描述的策略，则一定会向发起人提供信息。不过，我的一个好朋友把同样古老的进度/成本/问题简报看成天气预报。如此贴标签，他是想说能够吸引发起人参与的信息，有但是非常少。毫无疑问，天气预报式的信息是有用的，但重要的不在这。我想让发起人按照我的方式来理解信息。

因此，在我决定目的之后，我确定哪个策略会帮助我达成目的。在这方面，我经常不断改变策略。事实上，我可能列出几个选项，确定哪一个最有效。例如，如果我的项目需要一个决策，需要发起人的输入，我会先尝试问题/解决方案策略，然后尝试问题/答案策略，以确定哪个途径会更利于获取发起人的帮助。

如果我的目的是需要发起人参与或与其他高管相关方达成一致，那么我就会使用大局图/小局图构建信息，因为这可能会更有帮助。基本原理是要讨论业务成果，而不是技术细节，后者可能是也可能不是其他相关方所感兴趣的内容。

向发起人展示信息考虑的第二点是，要以这个人以及她如何使用信息为基础。在最高的层级，我发现有两个有关发起人的关键点要考虑。

1. 他们接触信息的途径是什么？我发现有些人是事实导向的，因此我必须使用数据。不过，其他人可能是概念驱动的，对于这些人，我使用理念。我承认我可能被认为是死板的人，但是这里是一些与我曾经共事的发起人有关的例子。

a. 我的许多项目是关于工程师或IT人员的。对于这些发起人，我特别关注数据，因为如果我不准备数据的话，他们会挑战我。

b. 其他项目是关于人力资源或培训/人才管理的。对于这些发起人，我必须更加富有理念导向。

2. 他们产出成果的途径是什么？有些发起人是结果导向的，因此我关注“是什么”，这样他们能够获得这些信息。其他人是人际导向的，所以我必须关注将会发生什么事情。

a. 对于结果导向的发起人，我必须关注取得结果的具体步骤，可能会有哪些风险。

b. 对于关注人的其他发起人，我绝不会忘记一位发起人，他总是问我一个问题：“如果我们这么做，谁会生我的气？”每一次！这可能是个极端的例子，但是这些人真心关注人们会如何对信息做出反应。

因此，当你准备和发起人一起工作时，要记住：

■ 协作制定章程，以发现一致性

■ 尽量理解项目范围，特别是哪些在项目范围外

■ 确认成功标准，以便你知道如何来判断

■ 走进发起人的心，以便你理解如何与其共事

■ 向发起人展示信息，要使用与你的目的以及她会如何使用你的信息相匹配的策略

记忆要点

■ 和发起人协作来制定章程，作为沟通文件

■ 和发起人一起工作来定义范围

■ 在项目开始前确定成功标准

■ 和发起人协作来进行变更论证

■ 理解发起人是如何思考的

■ 当向发起人展示信息时要仔细计划

第 6 章

和发起人一起评审相关方分析

对于项目经理而言，作为项目规划的一部分，完成相关方分析是习惯做法。不过，在本章我建议你评审相关方分析，只和作为发起人的高管们一起，而不是和每一个人。完成相关方分析的方法有许多种，但是对于高管相关方，高管们比项目经理更具独特视角。这里的点子能够帮助你和发起人对话并一起工作，来规划吸引其他关键的高管相关方参与。

正如在前面章节所建议的，我的经验是你应该自己草拟这些问题的答案，然后和发起人一起工作来把它们修改完善成更加完整和合适的文件。

谁是关心项目的关键相关方，谁会受到可交付成果的影响？

项目经理们都知道相关方的经典定义：相关方是一个可能

受到项目成果影响的人或群体。正如前面提到的，如果选择发起人是因为其所在的部门可以从项目的成功成果中收益最多，同时也可能因为项目失败而失去更多的话，那就太好了。对于你的发起人而言，他最关注的相关方是那些被项目可交付成果影响的机构或部门。如果你对此有所怀疑，请翻到第 1 章看看高管们的实际状态。

相关方分类

关于相关方的最新思考是分析他们对项目施加的权力和/或其决策对项目的影响。权力类型通常分为四个部分。

1. 他们在组织中拥有的职权，以及这种职权如何能够允许他们对项目施加想法。

2. 他们对项目规划或执行拥有的影响力（特别是技术专长），甚至对特定决策的否决权。

3. 对项目的参与度，可能包括他们对项目的附议程度，或者对例如决策会议的参与程度（我会在后面提到这点）。

4. 对于项目成果的关注或兴趣程度。

你的识别和分类的输出将会成为你的沟通和参与计划的

输入。

在大型项目里，你也能够识别不同的相关方类型，如：

- 支持者：兴趣高，态度积极。要时刻关注支持者。
- 朋友：在项目里能力低，但是兴趣高，态度积极。要把朋友当作同盟军。
- 沉睡的巨人：有权力，支持项目，但是兴趣或热情表现为低水平。你需要提高巨人的兴趣水平。
- 熟人：权力低，兴趣低，只需要经常让其知晓。
- 定时炸弹：兴趣高，态度消极。必须积极吸引一致，降低负面影响，以避免对项目的重大破坏。

进行影响分析

在和发起人工作前，我喜欢让我的团队主管、商业分析师，以及其他合适的主题专家（SMEs）和我做一下初步的影响分析。

影响分析从被项目带来的各种变更所直接影响的流程和/或工作流开始。因为当我开始执行工作时，事情或我们对影响的评估可能发生变化，因此我会在项目后期回顾这个分析。

在看过工作流或流程后，我建议你对变更量级进行初步评估。在我的一些项目里，有些影响会很小，其他的会特别大。例如，在我的一些系统项目里，对于一些相关方用户，变更可能只是他们在软件里移动的导航按钮的位置。对于其他相关方用户，变更不只是简单的导航，可能包括他们使用系统的方式——他们用来完成工作而获取和处理信息的全新方式。

当你和发起人讨论各种相关方时，这种类型的评估对于得出结论会很重要。所有这些相关方用户往往最后都向发起人的某位同事汇报。这会帮助你对相关方分析交流一些答案。根据我的经验，这个评估可以大有收获。有时，我和团队不会意识到会有一些与这些相关方有关的额外影响，我们看不见但是发起人能看见。对于如何对付某些特定的人，我曾从发起人那里收到过非常棒的输入。如果我还没有进行对话，我也能够识别风险登记册上尚没有的风险。

在此背景下，要识别关心你正在做的工作的人。记得要在每位高管所监督的分支或部门的高度来思考，要思考这些群体是如何被影响的。这些人可能是副总裁或董事，也可能是经理。你要和发起人一起回答这样两类问题：

1. 高管的责任是什么？她的控制范围将会怎样受你的项目影响？

2. 这些高管应该对项目本身负有一些责任吗？

高管的责任是什么？她的控制范围将会怎样受你的项目影响？

如果我们回到前面关于政治和领导层的讨论，别的高管和你的高管发起人一样有兴趣的可能性很小。不过，随着项目进展，高管们对于引起他们关注的抱怨特别敏感。我总是和发起人沟通各类相关方对于项目都知道些什么。如果我所假设各类相关方对于项目所知道的要多于他们实际知道的，我就是在把我的项目和名誉置于危险境地。

你的发起人要回答的关键问题之一与项目治理有关。例如，这位相关方是项目决策委员会成员或项目治理委员会的成员吗？如果他们是治理结构的组成部分，那么了解为什么他们会在决策委员会就对你很重要，因为这能够让你确定他们的角色是什么。如果他们不是治理结构的一部分，而你又认为他们应该在决策委员会，那么发现为什么他们没有获得一席之地就非常重要。根据我的经验，当发生这种情况时，我所学到的是他们正在发起另一个项目，只是还没来得及顾及你的项目。这是一个合理的商业决策，但我仍然想和我的发起人讨论方法，如何让这些高管们得到我的项目的消息。我最担心的是他们所拥有的关于我项目的唯一信息是来自流言蜚语。另一个风险是他们对项目的看法是来自他们自己人传递给他们的抱怨。

高管们会一直支持向他们汇报的人，明白这点很重要。我曾听到一位项目经理如此表达："他们永远不会羞辱他们自己的人。这就好像告诉别人他们的孩子很难看。"

这些相关方的支持或兴趣的水平如何?

我也会要求我的发起人评价每一位相关方的支持或兴趣水平。这是影响分析能够有所帮助的另一项关键因素。

在我们负责的一个涉及客户关系管理（CRM）系统实施的项目里，我遇到了我正在提醒你的情形。

简要说明，CRM 配有非常强大的数据库，跟踪客户的所有信息。它从价值链的前端开始跟踪，从销售到订单执行和开发票。一些客户数据的例子如下：

- 关键的人员和地点
- 提供带有部门和地点的协议
- 过去的采购模式和潜在折扣
- 信用额度
- 执行中的订单
- 未清的发票

我认为很明显公司里的每个部门都会受到 CRM 的影响。不过，各部门对于什么是重要的有非常不同的观点。

■ 销售副总裁感兴趣的是她如何能够帮助她的团队驱动更多销售。

■ 运营总经理更关注订单的精确性，以便驱动他的生产计划，提高效率并降低成本。

■ CFO 关注的是正确的客户协议和信用条件被包括进来，以便公司能够及时收款，提高利润幅度。

■ 客服副总裁最关心的是 CRM 能够提高年度调查的客户满意度。

我在这个项目上的发起人是公司总裁。所有的人都向我的发起人汇报，这对我当然有好处，但是这对我也意味着额外的压力，就是在我提醒发起人之前需要阻止抱怨传递给他。他帮助我理解如何把握这些相关方。在回答三个问题时我寻求了帮助：

1. 他们可能不喜欢项目的哪些方面？为什么？
2. 从这些相关方接收反馈的最佳方式是什么？

3. 我们如何才能最好地管理他们的期望?

这里是一些例子，我的发起人用这种方式回答了关于销售副总裁的第 1 个问题——她非常关注 CRM 可能会成为她们团队的官僚噩梦。从她的角度来看，她想让销售团队出现在客户或潜在客户面前。她非常担心他们可能会在电脑前浪费太多时间。

为了回答关于运营总经理的第 2 个问题，我的发起人警告我他经常忽视电子邮件，因此通过这个方式发送补充资料就是浪费时间。建议安排周期性的一对一会议，既提供信息，同时也接收有关项目的反馈。

对于第 3 个问题，CFO 是数据型的人，对此我毫不惊讶，可能你也一样。管理其期望的最佳方式是量化各种与项目有关的信息。对于所有相关方以及我的发起人，最为成功的方式是使用带有数据图表的图片。

在和你的发起人评审相关方分析时，一定要:

- 在审查前进行影响分析
- 确定每一位高管和项目有关的职责是什么
- 识别每一位发起人对你项目的投入和支持水平

记忆要点

■ 和发起人一起工作，对相关方进行分类

■ 进行影响分析，确定各类相关方群体是如何受到影响的

■ 在相关方参与计划中，为发起人建立角色

■ 确认你理解每一位相关方对项目的投入水平

第 7 章

如何有效运用各种倾听风格吸引高管参与

为了了解包括发起人在内的每个人的倾听风格，我们需要先回顾一下沟通的基础知识。

如图 7.1 所示，最通用的沟通过程包括编码和解码。发言人使用双方都懂的语言对一个想法或信息进行编码。这类沟通可能是口头的也可能是书面的。然后，听众解码信息来理解。如果听众拿不准含义，他就会向发言人反馈，不断重复。表面听上去很简单，但是一旦你深入挖掘，就真的相当复杂。

图 7.1　沟通的全部通用要素

沟通的基本要素

例如，英语是全世界的商业语言。这对我来说是个好消息，因为我没有哪门外语好到可以用来处理商业工作。我羡慕能够说多种语言的人。现在，让我来解释一下这为什么可能会是复杂的。

我在给罗马尼亚的一个重要项目做计划。项目组成员来自三个国家：罗马尼亚，俄罗斯和塞尔维亚。鉴于上述情况，他们都懂的唯一语言是英语。但是稍微想一下，对于他们（包括我的发起人）而言，英语是第二语言。请注意这个项目实际上是个高科技项目，我在讨论时必须特别留心，要确保每个人对于任务和活动的理解是一致的。为了确保理解一致，我的方法是不断寻求反馈，进行核对。

我曾领导过一个团队成员来自英国的项目，即使美国人和英国人都是以英语作为他们的母语，也无法保证理解一致。此外，人们可能通过漫长的会议来“检查”。美国海军空中作战中心培训系统部（Navy Air Warfare Center Training Systems Division）曾研究过人们如何更好地倾听。他们发现大多数人能够保持大约 18 分钟的注意力，然后他们的注意力就消失了。海军发现的另一个有趣情况是，如果不记笔记或用表格来记录对话，人们只记得他们所听到内容的大约25%。

了解到上述事实让我想到，当我和发起人交流时，我必须非常留心他可能心不在焉。我的一些同事相信他们的领导都患有某种形式的注意力缺陷障碍（ADD），但是我却认为他们正在承受迫使自己集中注意力的问题。那么我们应该怎么办呢？

倾听风格

首先，基蒂·沃森（Kittie Watson）博士和拉里·巴克（Larry Barker）博士曾经在帮助理解人们使用的倾听风格方面做过大量工作。他们识别出的风格有：

- 人际导向型：他们关注人们会如何反应。
- 行动导向型：他们想让人迅速了解重点。
- 内容导向型：他们看中技术信息和数据。
- 时间导向型：他们非常在意时间，特别是对时间的浪费。[1]

每种倾听风格都有优点和缺点。让我们更详细地看一下每种情况（表7.1）。

表 7.1　倾听风格

人际导向型

优点	缺点
• 关心他人 • 不带偏见 • 提供清晰的口头或非口头反馈 • 迅速注意到他人情绪 • 对建立关系感兴趣	• 可能过度介入别人的感受 • 回避看到人犯错 • 受他人情绪影响 • 可能表达过度 • 可能在建立关系时没有充分辨别

行动导向型

优点	缺点
• 迅速了解重点 • 如期提供清晰的反馈 • 专心手头计划 • 帮助他人专注和鼓励他人有序 • 识别矛盾信息	• 倾向于没耐心 • 急于表现，喧宾夺主 • 因为发言人没条理而心烦意乱 • 提出尖锐问题 • 可能表现得过度挑剔 • 可能会轻视关系

内容导向型

优点	缺点
• 重视技术信息 • 为了弄清楚和搞明白而测试 • 鼓励其他人为其想法提供支持 • 欢迎复杂和有挑战的信息 • 看问题全面	• 可能过度关注细节 • 提出尖锐问题可能会给他人带来压力 • 轻视非技术信息 • 对非专家提供的信息接受度打折扣 • 做决定要费很长时间

时间导向型

优点	缺点
• 管理和节省时间 • 给会议和对话设定时间基准 • 如果时间有要求，就让别人知道 • 提醒“话痨”发言人 • 当时间被浪费就给出提醒	• 对待时间倾向于没耐心 • 打断别人 • 时间影响其专注力 • 通过看钟表来让发言人加速 • 由于施加时间限制导致限制了创造性

每个人只用一种风格吗?

实际上，大多数人都有优先的风格。环境可能会让人临时采用不同的风格。例如，我有一位发起人，他是非常时间导向型的倾听者。然而，当我们正在与公司里一位他要对其汇报的上司讨论问题的时候，我发现他抑制了这种倾向。

同样，如果讨论具有时间压力，一位通常是内容导向型的倾听者可能会采用时间导向的方式。

我如何来应用这些信息?

你可能正在考虑如何应用这些信息，这个问题的答案非常重要。很明显，第一步是接近你正在交谈的人，尽量让你的表达风格与她的倾听风格相匹配。

沟通的目的

当大多数人思考商业环境中的发言和倾听时，他们只是想到了沟通的一个目的：交换信息。但是，实际上沟通的目的还有三种，识别它们也很重要（如图 7.2 所示）：

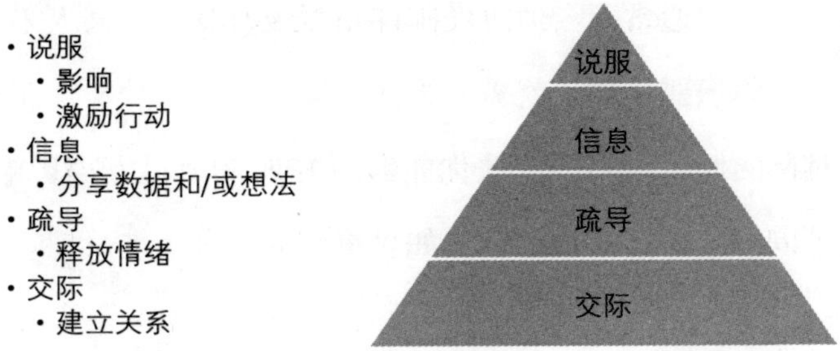

图7.2　沟通的目的

1. 交际型沟通关注建立关系，通常被大多数人称作闲聊。“周末过得怎么样？……家里怎么样？”这是我们理解共同利益和结合点的方式。

2. 疏导型沟通关注情绪释放。词根来自希腊，意思是“排气”。它是挫折或失望等情绪得以释放的沟通方式。大多时候，人们并不是想要交流，他们只是想要一吐为快。

3. 说服型沟通关注影响或激励人去行动。这是最高级别的沟通，也是最困难的。然而，当我们和发起人一起工作解决与项目有关的问题时，我们通常试图说服和激励他来代表我们采取行动。如果的确如此，那么你又如何说服他呢？

对象

首先要考虑的是识别发起人和其他关键相关方的倾听风

格。为此，你通常不会通过发邮件和写报告来劝说某人采取行动。如果你想要成功，就需要当面处理。其次，分析你正在谈话的对象的倾听风格，以便你能够更好地在项目方面影响她。你也可以继续写出其他细节，如果重要的话。

潜在的障碍

敏感性和障碍同样重要，值得在和发起人一起工作时考虑。我曾经经常面临的一个问题，仅仅是在我的发起人的繁忙日程里找到时间。经常我需要和他交流各类问题或进展时，他正在出差。我的许多发起人来自全球性大公司，因此出差会涉及时差，这就需要我考虑如何来规划沟通。在我的一些项目里，不夸张地说我的发起人在全世界奔波处理业务，的确没有方便的时间。在这种情形下，我尽量考虑他们所在的时区来做计划，让他们而不是我更加方便。与此同时，在一些项目里，我的发起人是在中东，那里有不同的工作周。提前和发起人一起工作，能够有助于你管理这些情形。

细节

和发起人一起从事部分工作可以达到有关细节的正确平衡。我曾经和一位特别对细节感兴趣的发起人一起工作——远远超出我在最开始所能猜到的。其他人反而会倾向更加简单，想要高层级的信息以及仅仅和问题有关的细节。我曾经用过的技巧是，在项目最开始就询问他们想让我和他们沟通到多细才好。这也和倾听者的类型有关。例如，正像刚才提到的，一位发起人总是问我同样的决策问题："如果我们这么做，谁会生我的气？"正如你很可能猜到的，这是一位人际导向型倾听者，我迅速意识到那应该成为与决策和问题有关的任何对话的一部分。

术语和缩略词

我们都知道业务包括很多术语和缩略词。项目管理也是如此。当和发起人谈话时，一定要对使用术语或缩略词非常敏感。例如，在我领导的一个自动化项目里，没有认真思考，我就开始使用一些在 IT 和数据领域非常常见的术语。直到过了一会儿，我才意识到我的发起人不明白我用的词语是什么意思。在我们建立了良好关系后，她略微尴尬地告诉我她不明白我的意思，这时我才恍然大悟。我当然感到很糟糕，发誓在将来要谨慎使用术语和缩略词，不只是和她，而是在所有的未来项目里。我也发现我在使用的项目管理术语，不是每一位关键的相关方都能理解的。例如，我会评论 WBS（工作分解结构）。现在正在读这本书的人可能了解其准确含义，但是这些关键的相关方并不了解。

因此，当你规划与发起人或其他关键相关方的讨论时，要尽力避免上述问题。我还要鼓励你在建立关系时，和发起人一起讨论这个问题。让他们知道，你可能不经意地开始使用他们并不熟悉的术语，如果的确曾经发生过，他们应该要求澄清。

正式 VS 非正式

当你和发起人一起工作，正在了解他们的倾听风格的时候，了解他们想让对话正式到什么程度也是很有帮助的。我曾经遇到发起人喜欢坐在自助餐厅里，喝着咖啡讨论项目。我还遇到其他的发起人喜欢在办公室里关上门讨论与项目有关的问题。当然，有些情况需要闭门会议，但是我的有些发起人不管讨论什么主题，都只是单纯喜欢那个地点。

如果你遇到谈话习惯不太正式的发起人，你们正在开放的房间里说话，你还必须警惕不要有人偷听你们的对话。

记忆要点

- 记住沟通的所有基本要素

- 评估你的发起人和关键相关方的倾听风格
- 在沟通你的项目时应用上述两点
- 考虑你的沟通需要正式到什么程度

第 8 章

你的态度及其在吸引高管参与中的作用

当管理你的发起人以及其他高管时，你的态度可能是促成项目成功的最重要因素。毕竟，你才是项目专家，而不是发起人。他们指望你来交付对他们非常重要的项目。不要低估你给项目成功所带来的价值。按照韦氏词典的定义，“态度”是“你思考或感受到的影响一个人行为模式的方式”。

> 能力是你能做什么。
> 动机决定你要做什么。
> 态度决定你能做得如何。
>
> ——卢·霍尔茨（Lou Holtz），大学橄榄球名人堂教练和励志演说家

很显然，我不是在谈论发号施令，而是关于帮助发起人明

白他们对于项目和对公司同样重要。太频繁发生的是，项目经理卷入了指挥系统，同时却未意识到他们的一个关键角色就是为其发起人和其他高管提供指导。

在和我的发起人一起工作时，我努力提供与项目特别是与关键相关方有关的洞察和信息。我不断向他们表明的态度是，伴随着项目进展我会让他们无后顾之忧。我甚至和他们建立了一种“密码”，下面是与电子邮件有关的一个例子。

提醒发起人

大多时候，毫不夸张地说，我的发起人每天会收到成百上千的电子邮件——通常是用智能手机来读取。显而易见的是，这些信息大多会被粗略浏览或完全忽视。当我感到他们需要马上知道什么事，我会告诉他们我将分两步来给他们提供信息。

1. 我会写下详细的电子邮件，附上他们需要知道的相关信息和需要采取的相关行动，因为关键的相关方可能会问到它们。

2. 我会用短信给他们的移动电话发送简报，他们应该尽快阅读我发的电子邮件。

大多时候，尽管我不会告诉他们一切都好，但是如果接触到信息或问题，他们不会感到出乎意料。大多时候，我们会尽快召开会议或打电话，以便我能提供尽可能详细的信息来加强他们的理解。

如果你和我一样，你就会识别向你的发起人做直接汇报的人，很可能是技术导向的人，并且发起人认为他的意见和想法有价值。例如，如果发起人是人力资源副总，她很可能已经有相当长的时间没有参与过收益管理。但是，她会有一位她所信任的经理，当她被提问时总相信后者会有答案。我想成为与项目有关的此类顾问。

利用发起人来建立信誉

例如，在我的一个项目里，我的发起人是一位副总，他的一个关键角色是向关键的相关方提供信誉担保——简而言之，他们对他非常尊重。为了让我们的相关方知情，项目团队策划了一场金融市场下午闭市之后的大会。我的确需要副总出席以表示支持，并在有人提出只有他才能回答的问题时予以回答。但是，他希望那天大约午间就离开，坐飞机去见一位重要的客户。很明显我不得不请他考虑改变行程，以便参加会议。我提醒他，作为沟通计划的一部分，我们以前已经讨论过这个大会，还有为什么我们认为参会对他很重要。和许多忙碌的高管一样，他在要求差旅服务方安排飞行日程时，已经忘记了会议的时间安排。最终，他决定参加会议，因为：

- 他明白他在会议上的角色的重要性
- 他评估了我的输入，即为什么他的一位个人代表不能够承担同样的角色

对他来说这意味着诸多不便，更不要提漫长的一天，但是他做到了。会后，他评价说他做出了正确的决定，因为那天他必须回应的一个问题是别人都没经手过的。我对他的决定做了补充，告诉他我非常感激他为了项目利益所做出的牺牲。请相信我，在高管层人们很少接受恭维，除非他们是以自我为中心的。对我而言，这让我坚信我是这位副总所信任的建议者。

另外，对项目可能遇到的对于变革的抵制，你需要采取正确的态度。毫无疑问，由于你要完成的项目成果正在改变目前所采用的工作方式，关键的相关方会推三阻四。你需要发起人的帮助来处理抵制。

从作对的人那里获得帮助

我曾经面对过的一个最困难的情况是关于一位经理，他完全拒绝和项目团队合作。他是一个工厂的运营经理，项目团队在那实施新的自动化系统。为了成功实施系统，我们必须得到工厂的一些运营人员配合。我们需要他们提供各种设置和临界值，以便我们能够结合当地的实际情况正确地校正系统。这位经理拒绝让他的人安排出时间来和我们完成任务。讽刺的是，他的逻辑是他的运营人员缺少时间，而实施这套自动化系统的商业论证就是通过自动化系统能够处理一些任务来腾出运营人员的时间。我和这位经理至少开了三次会，试图打破僵局。最终，我感到别无选择，除非把问题上交给我的发起人。我的发起人对这位运营经理没有直线权力。我也非常清楚这位经理和我的发起人，都是技术委员会的成员，于公于私，彼此都不在乎。不过，没费什么事，我能够预想到的唯一选项就是在当时当地放弃项目。你能想象得到，到了如此境地，我很不甘心。

幸运的是，在项目早期我就建立了升级流程（我会在第16章更加详细地介绍）。当我要求开会，我提供给发起人一份主题日程表和一些提前性文档供预先阅读。

我的态度是会议开始就发言——在这种情况下如何推进，

我需要发起人的意见。我引用提前性材料，并带来了一些支持性的信息以防万一。我们讨论解决问题的可选项和需要相应地做些什么。最后，我的发起人决定他将会去接洽负责监管这个工厂所在区域的总经理，后者也是该运营经理的上级。

当我等待发起人和这位总经理的会晤时，我不得不让那个地点的项目暂停。最终，总经理“说服”运营经理允许他的人和我们一起工作。

当我们为前往工厂现场办公的团队做进度规划时，我提醒团队成员我们的态度要积极而专业。尽管并非惯例，我还是决定去陪伴技术人员，以便成为任何可能发生的消极行为的靶子。我劝说发起人他应该承担这种情况下我的时间和费用成本。他同意了。

后来我们结束了工作，前往其他地点继续实施项目。不用说，我从来没从这位运营经理那里收到过圣诞卡，但是他却收获了工作圆满完成的好处。我为我们的团队保持了积极态度而感到骄傲。我们的发起人也很欣慰，我们的态度没有恶化彼此之间已经困难的关系。

危险信号

有一些危险信号，意味着你的积极态度和方法可能正在失控，你需要以最快的速度来解决问题。相信我，危险信号一旦开始，如果你的态度是不管不问，它们很少自我修正。这些信号如下：

1. 如果你的发起人不愿意扭转艰难局面，你就会陷入麻烦。正如我刚刚所描述的那样。

2. 高管说得头头是道，但去做时就忘掉。众所周知，言行不一会把项目置于危险境地。

3. 发起人开始让平时向她汇报的人来承担她的一些关键领导职责。

4. 最后，发起人开始从项目撤出关键资源。

我提出的一些建议可能被很多人认为冒险，但是按我的经验，你必须和发起人就其行为背后的意图进行开诚布公的交流。

我知道这很困难，但还是要回到你的态度。你必须把自己看成规划和管理项目的技术专家。你需要准备铁一般的实例用来说明你的关注点。大而化之在这里没有实际用处。例如，你可能有必要说：“按照沟通计划，你已经答应参加大会。并且，相关方希望见到你和听你讲话。”如果含糊其词地说“存在相关方可能认为你不再支持项目的风险”，那么：

- 一开始就会被拒绝；
- 未能提供可执行的反馈。

我是请你不要激进但要坚定。韦氏词典把“坚定”描述为“自信，勇敢，果断和直率”。这就是你要表达的态度。

“我相信我日常做出的最重要的决定是我对态度的选择。这比其他方面都更重要：我的过去，我的教育，我的资金，我的成果或失败，名声或伤痛，别人怎么看我或说我，我的状况，或我的职位。”

——查尔斯·R. 斯温德尔（Charles R. Swindoll）

记忆要点

- 找出办法提醒你的发起人重要的信息
- 在特定情况下利用发起人建立信誉
- 让发起人参与处理作对的人
- 对危险信号保持警惕

第 9 章

为发起人准备角色

在图 9.1 中，项目经理正在试图影响项目可交付成果的用户的行为（人们为完成本职工作所采取的行动）。影响行为的因素包括：信仰、文化规范、经验和认知。这是我们向运营移交项目可交付成果时必须要理解的背景内容。例如，如果公司文化是重视命令控制（例如，以往只有高管才能做出决定），而项目需要高度个人主义的行为（例如，做出为客户提供财务退款的决定），那么这项目在完工之后就是不可持续的。在这种文化里，任何没被要求提供退款的人，将会对将来所有让他们做出决定的要求保持高度警惕。正如你所想到的，员工希望确保万无一失。

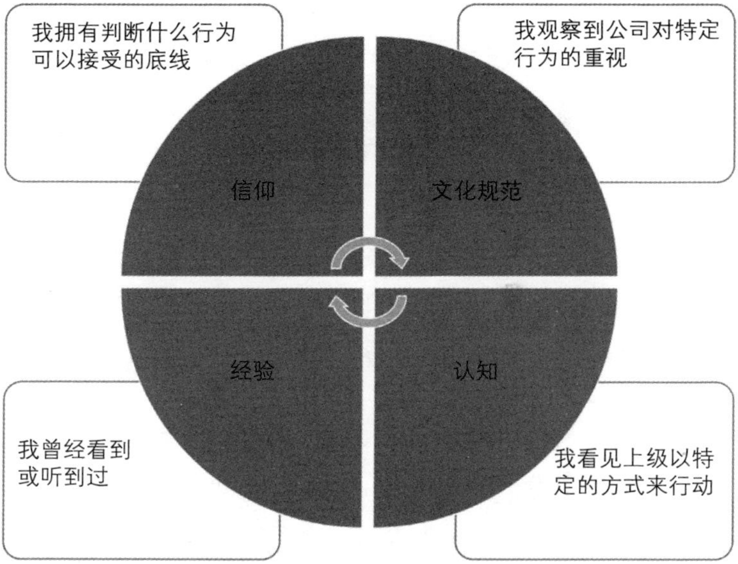

图 9.1　影响行为是一个复杂过程，有几个重要方面要考虑

确定你的发起人能帮什么以及如何帮

在为项目准备发起人时，我们需要考虑他们能够为项目成功提供重要帮助的独特领域。

- 对于变革的承诺要进行解释，需要发起人采取什么行动？
- 有哪些风险登记册里的风险，需要我们的发起人介入？

■ 我们的沟通计划里有哪些特定信息需要职权来传递吗？

■ 如果我们的项目可交付成果对于相应的业务部分缺乏准备，那么需要我们的发起人采取什么行动？

不幸的是，作为项目经理，我们对人们的信仰和经验的影响微乎其微。我们需要理解影响人们的文化规范，以便我们在为项目可交付成果准备运营时对这些规范保持敏感。

> 文化是与一个群体共同的价值观和行为有关的一套规范。它对群体的价值观以及他们应当如何行动进行定义。如果群体中的个人偏离规范，他们在群体里的同伴就会不假思索地给他们提供反馈——或者直接说出来，或者通过非直接的肢体语言——使其回归惯常的行为。

说服相关方

大多时候，当我们请求发起人介入时，我们是要说服或劝说他们。为了理解人们如何被影响以及如何成功吸引发起人参与，我们需要理解人们被影响的三种基本方式。

1. 职权

2. 技术专长

3. 关系

很明显，利用发起人的最佳方式就是通过职权施加影响。例如，有个项目我们正在为天然气交易商实施新的交易系统，一个关键关注点是与安全有关的。过去的不良行为已经导致贸易商把他们的登录用户名和密码提供给实习生，那么当交易员接电话来获取更多指令时，这些实习生就能开始交易。众所周知，无论是对个人还是公司来说，把你的企业登录信息提供给别人都是非常有害的。一旦新系统得以实施，这种行为将不被允许存在。这是显而易见的，但是我们的发起人，负责交易的副总，他不得不弄清楚新系统意味着改变。他是他们的老板。当上线日期日益临近，我们通过发起一系列会议，以及来自发起人的信息，来细化对新实践的期望。会议是战略的一部分，因为交易员必须看到他们老板支持项目，并且回答具体问题，这些问题是关于如果交易员被发现以旧的方式、共享登录信息来操作，将会发生什么。

为了对整个群体施加影响，使其接受新的交易系统，我们依赖两个关键的交易员，他们被整个团队认可，并且业务非常熟练。这两位关键人物是总监级的，并向发起人汇报。

在其他项目中，可能需要一种不同的职权来传递信息，比如人力资源部门，但在此类情形中，发起人可以找一位负责该部门的同事来要求协助。

在一个完全不同的项目里，关系的影响模式是被要求用以支持项目。整个项目是建设管线，需要土地所有者提供他们所持有土地之上的通行权。正如我相信你能看到的，土地所有者有几方面的顾虑，不仅仅是建设期间和管线运营的安全问题。在这个项目里，我识别了三个土地所有者，他们被邻居看作是领袖，拥有社区的信任，他们不会让自己或朋友置于险境。这三个人成为一个委员会，他们对在管道建设和运营期间公司为了提供安全保护所使用的所有计划和流程进行审查，他们成为社区里有影响力的声音。不可否认，尽管有些土地所有者保持怀疑，但是当他们的邻居领袖对项目感觉不错，他们中的许多人就都接受了项目。

制订领导力计划

看起来可能平淡无奇，但是图 9.2 识别了你所需要的高管支持的类型。通过建立领导力计划来对沟通计划进行补充，从而帮助发起人提供领导力，这是你的工作。

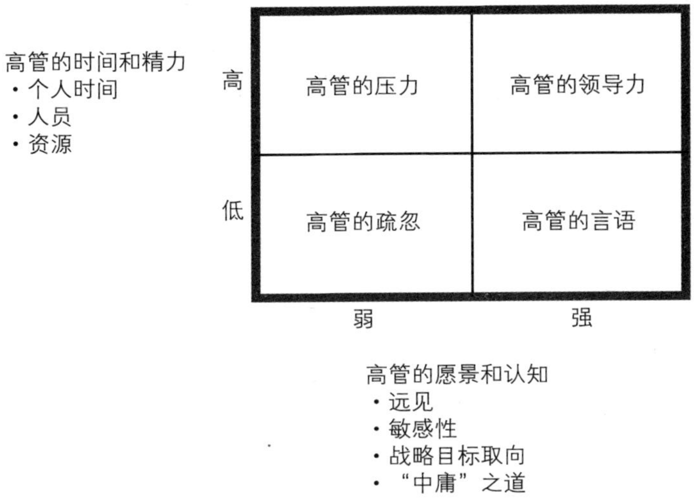

图 9.2　有效的领导力需要时间和精力，以及愿景和认知

在一个领导力计划里，最好回答以下问题，并和你的发起人协作达成一致。

■ 根据沟通计划，什么信息需要职权来传递呢？

▶ 根据这些信息，哪位领导最适合来传递信息呢？

▶传递这些信息的最佳讨论场合或媒体是什么？请不要总默认只是电子邮件信息！

▶项目团队需要什么信息或准备用什么支持业务领导呢？

▶为了确保获得期望的效果，有什么方法获得信息反馈呢？

►有合适的时机让沟通成功吗？

►这个沟通需要遵守公司什么协议吗？

■ 来自可交付成果创建的变更影响的评估：

► 谁对变更的成功实施负责？

- 我们知道他们对于项目的支持水平吗？
- 发起人需要吸引这个人或这些人获得其支持吗？

► 为了对可交付成果导致的变更表示诚意，需要这位领导采取什么行动呢？

► 项目团队可以为领导提供哪些信息或支持呢？

►有合适的时机让行动成功吗？

■ 来自风险登记册：

► 有任何识别出的风险需要领导团队的人出面帮助减轻吗？

►我们的发起人应当对风险相关的问题提出什么建议呢？为了减轻这个风险需要采取什么行动呢？

►这些活动将会降低风险发生的可能性，或降低如果风险发生所带来的负面影响吗？

►领导需要从项目团队获得什么信息或支持呢？

记忆要点

- 识别如何以及何时需要高管，为你的发起人准备相应角色
- 记住很多情况下技术专长比职权更有说服力
- 制订领导力计划补充你的沟通计划

第 10 章

明确建立相关方沟通渠道

当我们大多数人想到要确保项目成功，偏好使我们倾向于立即投入到定义正确的项目范围，拥有一份完整的工作分解结构，或者对风险进行管理。项目管理协会（PMI®）最近出版了关于成功项目的《职业脉搏报告》。基于对福布斯（Forbes）、普华永道（PricewaterhouseCoopers）和韬睿惠悦（Towers Watson）的调研，这项研究发现项目管理最关键的成功因素是与所有相关方真正有效的沟通。

这项研究也得出令人震惊的结论，有56%的风险成本是由于无效的沟通。那么，作为项目经理，为了避免这些问题，你能做些什么呢？我会建议你和发起人一起工作来建立沟通渠道。你可能需要就本章的一些概念来“教育”发起人，但是我会在临近最后再提到这点。

沟通：都是关于认知的

我们的理解大多数来自我们的认知。每次你和别人、你的项目团队、相关方或任何其他人沟通，你一定会先入为主。图 10.1 解释了认知如何影响人们的理解。在你和别人沟通时，要分析听众，问你自己以下问题。

- 人们需要什么信息？
- 我要传递的这些信息表达了特定的情感或态度吗？（你可能需要结合如何回答问题来调整声调。）
- 什么是传递信息的最佳媒介（例如，一对一会议，大会，电子邮件）？
- 谁是传递信息的最佳人选？
- 我应该如何传递信息？
- 人们应该何时接受信息？
- 我要如何接收人们对于信息的反馈？

基本的沟通模型说明，认知来源于我们的经验、文化、词语选择、价值观和判断。我们使用全部这些元素来编码和解码信息，只有形成闭环，交流才会发生。此外，误解是不可避免的。[1]

最近，我有个同事陷入了困境，所有项目经理都会发现自己某个时候有类似的情况。这个项目进入最后冲刺阶段。截至目前一切进展顺利，但是最后几个月存在威胁，会毁掉前面 18 个月建立的所有信誉。困扰项目的许多问题比列在这里的必要细节复杂得多，在沟通策略方面有个根本性的瑕疵。作为项目经理，我的同事陷入了这样的沟通系统，在最后几个月通过电子邮件和业务用户沟通。正如我们大多数人知道的，当人们收到大量电子邮件（大多数没必要），随着刷屏，许多人很快就会不再理睬电子邮件。这就是这个项目发生的情况。我的朋友不得不重新组织、回到更加实际的一系列沟通活动，来帮助项目基于他们的卓越工作所收获的大量好评，而获得圆满结束。

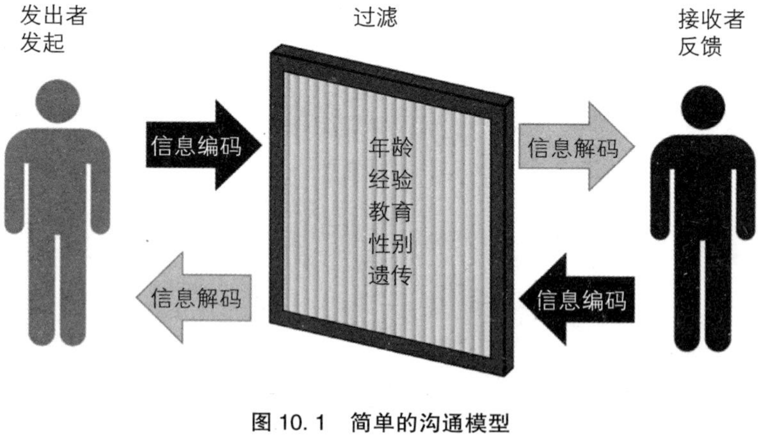

图 10.1　简单的沟通模型

让发起人参与规划沟通

我们都知道我们需要一份沟通计划，这始于相关方分析。我的建议是你按照下列问题起草最初的答案，然后和发起人检查草稿。这些问题如下。

- 关于我们的项目，谁需要被知会或请教？
- 对于项目，这位相关方已经知道些什么？
- 在吸引这位相关方参与时，有哪些敏感性或政治方面需要我们注意？
- 对于项目，这位相关方可能不喜欢什么？
- 我们是否需要克服哪些明显的障碍（例如，时区）成功吸引这位相关方参与？
- 和这位相关方沟通的目的是什么？
- 我们需要沟通什么？以什么频率？
- 向这位相关方传递信息的最佳渠道是什么？
- 谁需要对信息的背景和传递负责？
- 在项目全过程中，我们如何接收这位相关方的反馈？

这些问题有很多看起来平淡无奇，但是有一些值得仔细研究。例如，与敏感性或政治有关的方面，当我们一起在公司建立项目管理办公室（PMO）时，只是通过和发起人一起评审，我就可以了解到一些关于相关方的非常有趣的事情。

大致情形是我们识别出来的一位相关方，作为关键高管，几年前曾经努力实施过PMO。开局不利，最终放弃。从政治角度而言，我的发起人非常担心这位高管会对我们的努力过于苛刻，并企图给我们的项目找碴儿。其原因很简单：既然他曾经失败了，他也不想让另一位高管也就是我的发起人成功。如果我没有和发起人对我的相关方分析和沟通计划进行评审，我永远都不会知道这些情况。

最终，我的发起人和我制订了一份非常详细的相关方参与计划，而不只是关于沟通。它也提醒我一个事实，我要让发起人清楚了解项目期间可能发生，且这位高管可能会看到的任何问题。其他高管的目标可能是让我的发起人看起来不知所措，领导的项目失去控制。记住第1章对这个层面的政治所进行的讨论。

敏感性分析

当制订沟通和参与计划时，任何群体都会有某些敏感性，你和发起人需要加以考虑。例如，在一个项目中我领导实施CRM系统，对于任何看起来好像给销售产品或服务这样难做的生意增加了一层官僚作风的系统，销售人员都很反感。他们理直气壮地抱怨，并且多会如此表达："你们到底想让我怎么做？每天坐着往电脑里录信息，还是出去到大街上卖产品？"答案显而易见，但是如果发起人和项目经理没有提前考虑，当他们后来试图实施新的 CRM 系统时，这个项目就会遭遇一些严重的抵制。

就在这个项目里，我的发起人对我说某些实施活动要延期三个月。我非常惊讶，因为发起人通常以其他方式——更快完成——来推动我们。我的发起人那时候不可能告诉我，但是几周之后公司宣布了一项重大重组，原因就变得明显了。我的发起人知道将会发生什么，但是她不被允许和我分享信息。可是，这个信息要求我们修改活动计划，直到一些与新组织有关的问题至少得到了一些解决。

问题的关键是：当你在项目里停滞不前时，你可能没有意识到与相关方有关的敏感性问题，和发起人一起工作能够帮助你理解并为之做好准备。当共同进行相关方评审时，向发起人提问越具体越好，以便提醒你那些超越你的薪酬等级才能知道的敏感问题。

沟通的目的

当你制订沟通和参与计划时，还有一点需要重点考虑，要和你的发起人一起工作，来确认每一条有目的的信息的重要性——特别是那些打算劝说人们以特定方式行动或思考的信息。

当我们在项目期间与人沟通时，我们心里通常有三种目的：

1. 告知他们使用事实和数据
2. 教导他们新的技巧或知识
3. 劝说他们思考、行动或去体验特定的方式

我们还必须意识到，当我们试图告知人们时，我们并不想养成提供“天气预报”的习惯。如前所述，那是我的导师使用的一个术语，用来描述提供给相关方的报告，除了“阳光明媚”或“黑暗多云”，真的没有提供任何具体的信息。问题的重点是，如果“天气预报”只是不断重复项目的状态，就会最终被相关方忽视。如果没有什么有意义的来报告，那就根本不要发送信息。

当然，发起人是与众不同的相关方。如果发起人每周想要“天气预报”，就要想方设法提供给他。只是不要把这种报告发给每一个人。

大多数时候，当我们发送一份重要的信息时，我们是想要说服读者如何去思考或行动。回想一下你自己的经验：如果你被某个人说服，在最高层面上通常会有两种原因：

1. 他们拥有高于你的职权
2. 传递信息给你的人拥有你认可和欣赏的技术专长

在这两个劝说领域，你的发起人都能帮到你。

职权和技术专长

有一些消息和信息一定要来自你的发起人。其重要性在于，这样人们才看到了发起人参与和支持项目的具体证据。有时候，你必须传递一个信息，即由项目导致的变化是必须的。

一个例子是为天然气贸易商实施新的交易系统。如前所述，除了劝说交易员使用新系统，我们也需要终止交易员把委托单交给实习生的错误业务行为。实习生肯定会使用交易员的登录信息进入系统，这种情况下，我们要告知的信息就是这个业务惯例将会被新系统终止。进一步说，交易员被禁止把他们的用户名和密码分享给任何人。这个告知信息只能来自发起人，即所有交易员都要汇报的副总。这个一视同仁的信息必须来自他这个实权人物。

其他告知信息来自负责监管交易员的总监和经理们，因为他们是实际监管大多数工作的实权人物。但是，即使在这种情况下，发起人也不得不去确认这些管理人员都理解他对他们的期望，即确保他们的人要对成功实施系统负责。

就在这个项目里，我们也不得不使用有技术专长的特定人员去劝说交易员接受新系统，还有随之而来的工作流程变动。为了说服交易员新系统的确不错，将会帮助他们赚更多钱，我们聘请了一些非常成功的交易员。我们让他们发出项目进展的所有信息，在做决定的特定时候请他们输入。当需要做一些系统演示时，我们会确保这些优秀的交易员真心投入，并且做好了准备来帮助我们回答更多观众的问题。

正如你能想到的，当交易员看到他们的同伴，那些他们认为工作的确优秀的人，回答问题，演示系统，他们大多数的担心消失了。技术手段改变了他们的思考方式，并且开始让他们对新系统产生兴奋。

混合媒介

在刚才描述的项目里，我们使用了各种媒介来打开和相关方的渠道。在一次大会上，副总发出了交易入口变更的告知信息。公司有两个主要的运营中心，因此这个大会在两个地方召开。

总监和经理之间的沟通，是通过他们的正式工作会议。我们为他们制作了一系列的幻灯片，以便我们能够确保信息的稳定性。我们也和他们审查幻灯片以确保他们的任何问题在他们必须传递信息前都得到了回答。如果可能，我们会从项目团队抽出一些人在他们需要时提供帮助。

最后，在“午餐和了解会”期间，有技术专长的顶级交易员来进行系统演示。大约每两周，我们还出版通讯，放在他们的桌子上。你可能会认为这看起来好像老一套，但是请注意：人们很少看到书面打印的信息，手上拿着文件是相当特别的，而且我们的反馈是人们真的读了！

记忆要点

- 认知对于创建成功的沟通渠道特别重要；
- 一定要让你的发起人以合适的方式参与沟通规划；
- 不要忘记识别听众的任何敏感性。

第 11 章

与发起人建立内外部沟通

就内部和外部沟通而言，你的发起人会是重要的资源。不过，为了最有效地利用发起人，你必须做好博弈计划。在第9章，我们讨论过利用职权来影响人，你会想到借此来撬动各种沟通。

冲突和沟通

在项目期间，你常常会发现自己处于冲突之中。你会发现这可能有许多原因，诸如：

■ 一些人试图用间接的非生产性方式得到他们认为自己需要的东西；

■ 其他人没有确认或理解他们在为项目真正奋斗什么。

你可以用几种方式处理冲突：

- 把冲突看作竞争，从而导致你和其他人都尽量求赢
- 想方设法，例如妥协，来避免冲突，但那通常对项目没有什么好处
- 与其他人合作去发现你能接受而别人也同意的解决方案，让项目得以继续

任何情况下，你需要和发起人就如何最好地处理冲突进行对话。按我的经验，为了求赢大多数人最开始会选择竞争。

冲突，当按照冲突解决来讲的时候，通常被定义为“两方或多方感到彼此目标相互矛盾，因此寻求使对方的目标获取能力受到破坏”。

——罗蕾莱·奥尔蒂斯（Lorelei Ortiz）教授，博士

解决冲突的真正关键在于认真倾听。这可能违反直觉，因为我们的第一反应是准备争论，进入战斗。然而，根据我多年的项目经验，我注意到冲突的根源通常就是各方实际看待问题

的方式不同。通常，各方都描述他们看到或期待的征兆。因此认真倾听会帮助你按对方理解的方式发现问题。然后，下一步就是聚焦对手——你可能是其中之一——发现问题的通用解决方案。

让我给你举一个我亲身经历的例子。我要交付的项目是为一家全球性油田服务公司建立 PMO（项目管理办公室）。PMO 将会通过多重服务线支持和协同新产品开发，目标是缩减从概念到市场的大量时间。这个项目的发起人是高级技术副总。当我开始工作组建 PMO 时，我的发起人开始遭到一位负责人的抵制，他来自最盈利的分支机构之一。这位负责人是一位关键的相关方，如果他弃权或拒绝支持，PMO 就会失败。

我的发起人和我同这位负责人召开会议，来解释我们正在做什么以及将会如何为分支结构改进上市时间。这是我们的第一个错误。我立即看到我的发起人遇到过的抵制。最后，这位负责人开始讲话，关于如何让他的人担起责任，还有他不需要 PMO。

来来回回持续了 20 分钟左右，我意识到我们不可能说服他。他是非常高级的人，除了 CEO 他很少受到挑战。因此，我决定改变方式，开始向他提问，而不是继续采取策略试图说服他。我认真倾听，尽量理解他的目标来自哪里。很快我们发现了他心里的真正问题。

当他听到这个动议将会是“项目管理办公室”，他的注意力就集中到“管理”这个词。他认为这个办公室意味着我们的项目将会创建一个负责建筑技术的群体，这超出了他在企业层级里的控制范围。他把项目管理和直线管理弄混了，他当然永远都不会同意。

一旦我的发起人和我理解了他的需求（控制和负责），那么我们就能把 PMO 构建得与众不同。事实上，我们还彻底放弃了这个名头（PMO），因为我们担心其他的高管也有同样的异议，我们只不过还没听到他们说出来而已。为了明确符合我的发起人的控制范围，我们最终重新命名这个群体为技术支持服务（Technology Support Services）。实际上它做到了你在 PMO 能够看到的所有相同职能，但是这个名头分散了分支机构负责人的担忧，而我们有能力成功完成项目。

大多数时候，发起人会要求你和其他人合作解决问题。然而，那是理想的方式，为了激发他人采取合作，你可能需要发起人和他们进行接洽。

如图 11.1 所示，正如你能想到的，真正需要瞄准的是右上角象限。

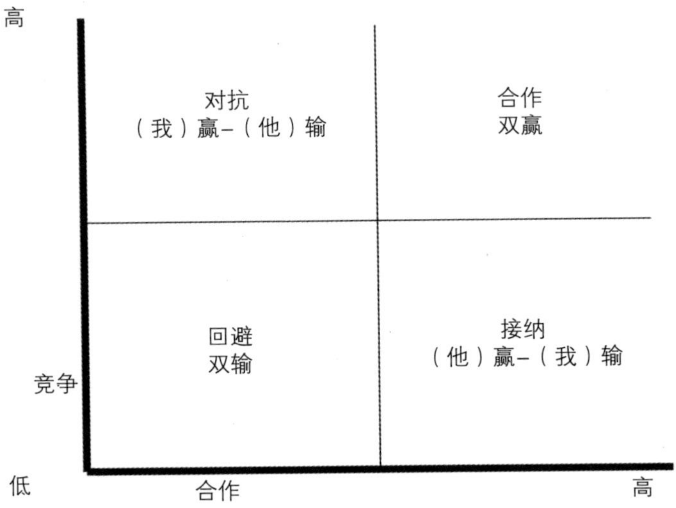

图 11.1　冲突的规模和行为

要建立的四种情绪技巧

为了有效掌控项目期间的冲突，你必须建立四种技巧。这四种技巧对你很有好处，因为有时候冲突对象就是你的发起人，而其他时候你需要和发起人一同工作解决问题。

首先，你必须学会不要亲自挑起冲突。我认为这很难，因为即使过了很多年，对我而言我仍然需要努力才能做到。让我们面对现实，我们的项目经常变成我们的孩子，当别人说你的孩子难看，没有人会高兴！但是，我们需要回归初心，承认项目的确是为了改进业务绩效才确立的。当你感到自己开始变得愤怒，出去走走，告诉自己，所谓的抨击并不是针对个人——而是就事论事！

其次，不要想当然。在我刚刚讲过的故事里，我曾经假设分支机构负责人知道什么是 PMO。对于你做出的假设，总要先自我挑战一下。一个好测试可能是问你自己，“如果我走到另外一个环境里的某个人面前，他们会理解我在说什么吗?”评估你可能获得的答案会帮助你识别正在做的假设。

第三个技巧是用第三个耳朵倾听。其本质含义是让你设身处地，猜测他们对你的优先级了解些什么。

最后的技巧是，建立对于解决方案的开放心态。

其他人会尊重你，跟你更加开放地工作，认为你通情达理。

求真务实，以解决问题的精神，坚持不懈地去解决任何冲突。

向相关方陈述

当向相关方陈述时，其过程总体上分为两部分：

1. 准备

2. 交付

在准备一次陈述时，第一步是定义你的陈述目的。

你组织信息的方式依赖于你的目的，因此要确保你清晰定义了目的。

有四个基本目标描述了陈述目的：

1. **提倡：**让听众信服或向他们推销观点或方法

2. **指导：**让你的目标听众知晓或教导他们一些项目的事情

3. **鼓舞：**激励你的听众采取与项目有关的行动

4. **激发：**促进相关方之间进行辩论或探讨

那么让我们来看一下这些基本的目标，看看它们可能会如何应用于项目。

1. **提倡：**对于我的一些项目，我曾被要求向销售经理做陈述，向他们介绍项目概览，以便他们能够理解为什么公司在这个方向上前进。这里我在向目标相关方群体推销想法，他们需要理解项目的收益。在这个场景里，我必须了解这个群体一直做销售，他们可能会对我的目标非常挑剔，因此我必须仔细计划。我也会使用称为预售的技术作为我策略的一部分。在预售时，我为陈述做准备，然后和一位我认为对项目友好的人审查我的内容，以便我能收到他的反馈。

2. **指导：**其他时候，我被要求向公司的执行委员会介绍项目概况，以便他们能够理解项目是怎么回事。我很可能会选择指导作为我的基本目的，因为我想让他们最起码知道项目的进度计划和业务成果。不过，我也可能包括项目的商业论证和整体目标。这里，我想从发起人获得输入，并请求她预售展示给在高度紧张的政治环境里能够向我们提供反馈的人。

3. **鼓舞：**在其他情景，我曾被要求做简单管理，以便确认他们将会提供支持，这对项目成功至关重要。在这种情况下，我会选择鼓舞作为我的基本目的。我想激励他们来帮助我让整个组织支持项目，因为我担心我有时会遇到顽强抵抗。提供信息来说服管理团队和他们的部门支持我，将是成功陈述的关键。记住，他们是监管别人做实际工作的人！

4. **激发：**在这种情况下，我可能需要向工作团队作陈述，让他们为工作委员会考虑可能的选择。在这种情况下，工作委员会只是没有时间深入这个主题。很明显，这个陈述需要挑起讨论，让他们参与到解决方案中来，以便最终的结果是来自了解业务的人，而不是来自项目团队的指示。

记住，如果你都不知道自己想要什么，相关方又如何能够知道呢？

对我而言，确定我的目的的最简单方式就是回答这句话：“我陈述的目的是……”请相信我说的，如果你不能回答这个问题，你的听众也不能。

下面，我想回顾一下我在第6章做过的相关方分析。我可能包括下面一些问题：

- 谁是将会参加并影响他人的关键人物？
- 对于项目他们已经知道些什么？
- 我知道他们对我的项目的态度吗？
- 我有正确的信誉向听众演讲吗？或者我需要某个信誉更多或更好的人和我一起来吗？
- 在陈述期间他们会想提出或回答什么关注或问题？
- 他们如何接收信息？例如，他们是喜欢许多事实和数据，还是更感兴趣它会如何影响他们？

- 我充分了解这个群体的承诺水平吗？
- 谁可能不喜欢我的想法或信息，他们不喜欢的是什么呢？
- 如果我的项目实施顺利，谁会失去或接近权力呢？

对这些问题的回答对于更好地准备向相关方群体的陈述非常重要。为了回答问题并确保你做了全面检查，我会鼓励你让你的发起人来告诉你，他们将会对你的信息如何回答以及做出反应。你的发起人站在你这一边，但是也会对你直言不讳。

策略

推动成功陈述的另一个关键成功因素是，选择一个策略来匹配听众和你要试图达成的目的。如果你看过任何法律专业的电视节目，你会经常听到法官对律师说，“你想说明什么，律师？”听众会更频繁陷于同样的问题。他们跟上发言者的逻辑会有困难，这困扰着他们。因此，你能做些什么？最好的解决方案是使用一些惯用的策略：

■ 时间顺序

■ 大局图/小局图

■ 问题/解决方案

■ 提问/回答

■ 从最关键到最不关键（特别是当你在完成前用完时间）

在我的许多陈述中，我知道听众会有问题，一个提问/回答策略将会奏效。我决定积极强调他们所关注的，并给予他们自信，我的项目将会大大满足他们的需求。不过，我也会检查我的展示内容，使用问题/解决方案策略，或大局图/小局图策略。然后我可能会和发起人交换意见，试探他对策略的看法。

最后是三个关于策略的思考。

1. **保持简单**：这不意味着要向相关方低声下气，但是要记住，如果他们抓不住重点，他们也不能像在阅读时那样“回头再过一遍”。因此，保持信息简单实用，对确保人们不在过程中溜号有帮助。

2. **设身处地**：那是他们的认知。经常通过回顾相关方分析，从你正在交谈的相关方的视角来看一下你正在说的内容。

3. **慎用讲义**：我通常建议在陈述之后再提供讲义。那样的话，人们就不会在你演讲时，翻来翻去，不用心听讲。不过，这也不总是现实可行。就根本而言，要使用相关方分析来确定何时采用讲义以及讲义包括多少额外的细节。

用三部分建立

陈述的经典模型，建议把一次陈述分为三个独立的部分：介绍，主体，结论。这里分别重点归纳如下。

■ **介绍**：在介绍部分，你要建立你的目的，涵盖人们通过听你讲想要得到的收益，给他们提供路线图和你要讨论的快捷主题清单，以便听众能够跟上。

■ **主体**：接下来你要决定初期采取的策略和内容，包括三到五个要点，以及支持的信息。限制内容只有三到五点可能看起来有点古怪，但是研究已经清晰表明，这个数字包含了大多数人通过收听所能够理解的极限。如果你想在一定情境下考虑，就想想你上一次参加的社交活动，遇到了很多新人。你还记得多少名字？我们大多数只会记得一小部分。当你完成主体部分的要点，在收尾前，进行提问。

■ **结论**：在你结束回答问题后，提醒听众你就要结束了。

从回顾你的目的开始，然后是要点，以及展示过程中你所涵盖的收益。最后，不要忘记感谢他们所付出的时间和对项目的支持。

记忆要点

- 理解冲突以及与发起人沟通的作用
- 努力建立所需的四种情绪技巧
- 用心准备任何陈述
- 拥有清晰的目的和策略
- 用三个独立部分作陈述

第 12 章

有效利用高管的副手

我发现管理被项目影响的高管最有效的方式之一，就是让向他们汇报的副手参与进来。要考虑的一个关键因素是，既然副手们直接向这些关键的高管汇报，他们将会比你作为项目经理更有接触机会。不过，你将会需要发起人的帮助来让这个策略奏效。让副手们参与的一个最有效方式是建立工作委员会，让各相关方与项目保持一致。

工作委员会

依我多年的经验，所有项目的一个关键成功因素是让业务部门“拥有”这个项目。他们可能是运营人员、销售人员，或者后勤支持人员。为了让他们参与进来，我喜欢让商业论证阶段定义的受到影响的业务部门的人员组成工作委员会。他们是在项目完成之后对交付商业结果负责的人。这些人可能来自业务的各个领域。对于任何特定的项目，工作委员会可能来自销售、市场、IT、会计等等。在你完成相关方分析后，应该和发起人一起工作，邀请关键的相关方推荐工作委员会成员。我希望看到参与进来的人是这些高管相关方的副手们。回顾一下第 6 章，我们对相关方进行分类。我想尽可能多地吸引影响型的人，他们也被职权型所信任。

要找谁

当我为工作委员会寻找服务人员的时候，他们通常处于组织中的总监级，直接向副总或公司类似级别的领导直接汇报。我想要这些人的原因是他们对日常运营工作参与得还足够多，他们知道公司的工作是如何真正完成的。很多时候，副总已经不再关注日常工作实际如何进行。不过，因为这些人直接向副总汇报，高管们相信他们的判断和决策。

工作委员会做什么

被称作工作委员会是有原因的。他们在项目上实际做工作——但不是按照 WBS 上的任务。他们是项目团队的决策制定部门。不像指导委员会一个月或一个季度才能看到一次简报，工作委员会可以每周看到一次。他们的工作是对项目团队提交的选项进行考虑，做出决策。

过去几年，我已经明白解决一个问题很少只有一种技术方法。大多数时候，我的团队的技术人员会选择他们认为最好的技术答案。不幸的是，他们选择的方案对于业务而言可能也不是最佳的选项。我的团队成员可能不能理解对于特定业务部分的影响，即使他们是经验丰富的业务分析师。

例如，在一个我负责的系统项目里，供应商提出了一个销售团队真的想要的新改进模块。不幸的是，我们已经为项目忙碌了几个月，如果我们现在就纳入新的模块，就会给项目范围带来一个重大的变更。表面上看，我们只需要推迟几个月就可以为新模块做变更。但是，当我们把想法提交到工作委员会，会计和进度人员对变更都反应强烈。对于销售团队和项目团队不明显的是，提出的变更将会影响后勤端的工作流。工作委员会经过漫长的讨论之后，做出了决定，推迟模块，把它纳入后续系统优化。

这就是工作委员会的价值！业务相关方做出变更决策，而不是项目团队。工作委员会的每个成员能够作为代表讨论决策，并为之辩护。销售总监能够凭借对其他业务部分影响的深刻理解，向销售团队解释最终形成的决策并为之辩护。会计和进度人员能够和他们的人沟通，解释项目团队和工作委员会的考虑，并维护他们的利益。

现在采用这个方案，把它复用于许多技术决策，我相信你能够看到，当项目结束时，我们对新系统做出的变更所遇到的抵制寥寥无几。

回到让发起人参与上来，你很可能需要发起人的帮助让这个层级的人参与到工作委员会。为了做出这些类型的决策，你需要尽可能获得最佳人选。问题是，作为所在领域的顶级技术人员，这样的人其他人也都知道。你的发起人毫无疑问需要和他的同事协商让这些 A 级人员加入到你的项目。

还要知道的是，这些人很可能被要求同时去完成他们的“本职工作”。你必须也要理解，除非他们的日常工作不如项目重要，否则它们将会一直优先于工作委员会的任务。当这些竞争的优先级发生冲突，你就需要发起人的帮助，和他的同事一起工作，为工作委员会成员创建一定的空间参与。

如何利用工作委员会

如图 12.1 所示，你需要和发起人沟通你要如何利用工作委员会。

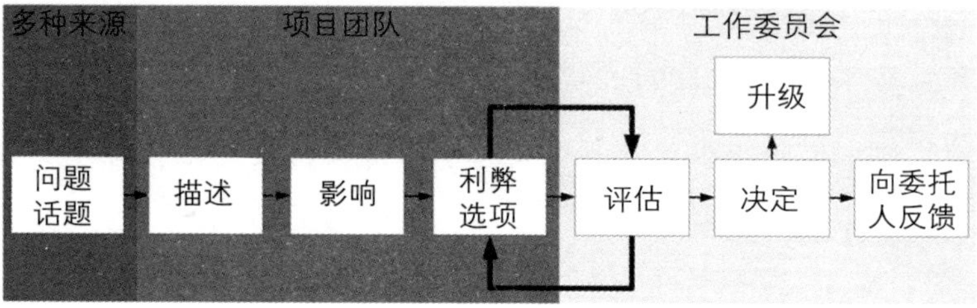

图 12.1　工作委员会制定决策的过程

正如前面例子所描述的，工作委员会也能够成为你沟通计划的重要组成部分。工作委员会成员的一项“义务”，就是让他们的“选民”参与并知晓项目情况。

使用“参与”这个概念，我想回到模块案例。当工作委员会准备对新的模块做出决策，我要求每个成员去做的是与他们群体的关键相关方商量，获得他们对建议变更的意见或反馈。这个策略有双重目的。首先，工作委员会成员让业务人员知晓进展情况。其次，成员也在问询他们的意见。这点很重要，因为业务人员通常会看到即使是见多识广的工作委员会成员也看不到的后果。

如何应对政治

从第 1 章就要记住，最高级的政治要求发起人确保项目处于控制之中。正如你能想到的，对于发起人最糟糕的一种情形，政治上的，就是同事为了某个问题找上门来，而发起人不清楚情况。通过使用工作委员会，你会减轻发起人面临的大多数政治风险。

■ 发起人可以使用图 12.1 中的简图向同事解释项目里制定决策的过程。她可以恰如其分地说明，真的是业务部门在做出项目上的关键技术决策。

■ 发起人可以向同事澄清，工作委员会成员代表“选民”，应当和他们协商，作为与决策有关的输入的一部分。

■ 最后，它造成了一个效果，也许其他的高管，而不是发起人，才是被与项目有关的他们的“自己人”所吓到的人。

相信我所说的，通过使用这个策略，你正在创建和发起人的牢固同盟。你已经创建了一个项目如何运作的模型，它可以让发起人在对付同事时增强信心，这相当重要。

这相当重要，是因为同盟的感觉是感情的纽带，而不是智力的。当这些情形完成，让发起人对你在做的事情有信任感，相信我所说的，发起人就会在项目的困难时期维护你。

举一个我亲身经历的例子，我有一个项目就如上述那样建立了工作委员会。我的发起人是一家全球软件公司的首席运营官（COO）。项目进行到大约三个季度的时候，一个分支机构的负责人因为项目做出的技术决策的影响，找到我的发起人。老实说，这让我和发起人都相当意外。我在表达歉意的同时解释道，正如早先所同意的那样，我们遵守制定决策的协议。我提出建议，我需要调查看看发生了什么或者什么出错了。

还没有深入所有调查细节，我所发现的就足以令人失望，但并不出人意料。看起来工作委员会成员没有遵守项目之初接受的协议。我们都接受的做法是，当工作委员会成员不得不为项目做决策，他们就要：

1. 和他们的“选民”成员就问题进行讨论
2. 评审项目团队提出的选项，包括风险和收益
3. 最终达成集体协议，提交给项目团队

正如经常发生的，工作委员会的成员恰巧是一位副总，没有让他的下属代劳。毫不意外，他非常忙碌，忙着出差和处理运营问题，耗尽了时间。既然项目时间表需要回答，副总给出了他认为团队将会支持的回答。不幸的是，他猜错了。正如此类情况下会发生的那样，副总认为他能够给项目贴上失败的标

签，以便实施正确的解决方案。但是，基于调查的证据，我认识到那不符合事实。现在，我本可以把副总往火坑里推，因为他就是准备这样对我的！不过，一旦我认识到真正发生了什么，我去见了副总，我们讨论了我了解的情况。正如你能想到的，他决定竭尽所能（主要是他）和他的老板——分支机构的负责人——一起纠正局面。我们一起工作，进行说明，让他挽回面子，同时也为项目团队清除没有为业务的最大利益工作的名声。

当我和发起人回顾全部经过，他很高兴。这意味着分支机构的负责人，曾认为觊觎他的工作的那位，没有任何理由再给他贴上项目失控的标签。他也知道他已经有了一些可以保存的信息，分支机构负责人以后可能不规规矩矩，如果这种事发生他就会用到那些信息。

你可能读到这些文字，为商业和人们竟然如此行事感到失望。不过，这就是实实在在发生的现实。你毫无疑问曾经遇到过什么事，你认为本质上就是政治，但是你没有援手。我建议的方法是，在项目里有效利用副手，是帮助你减轻和/或规避这种局面的一个办法。现在只要你遵循流程，就有了援手。

当时间紧急，总会有走捷径的诱惑。让这句话成为你的寓言，要明白使用工作委员会在某些情况下会花费更多的时间，但是要靠流程让业务人员参与到项目中来。

记忆要点

■ 使用工作委员会让业务人员参与

■ 寻找高管团队成员信任和依赖提供建议的人

■ 构建工作委员会并让其在项目中实际工作，而不只是提建议，要做出决策并提供项目团队工作的质量保证

■ 要明白工作委员会在管理办公室政治方面的价值

第 13 章

实施风险减轻策略和高管发起人支持

作为项目经理，我们都知道在项目全过程中总会出现风险。许多风险永远不会发生，对于风险的规划将只会保持原状——规划。然而，聪明的项目经理知道，当风险真的发生，作为风险管理策略的一部分，哪些风险可能需要发起人的参与。众所周知，在项目全过程中大多数项目经理管理三类风险（如图13.1所示）：

1. 技术风险
2. 商业风险
3. 组织风险

这些风险通常分为三类：

1. 已知的风险
2. 可预见的风险
3. 不可预见的风险

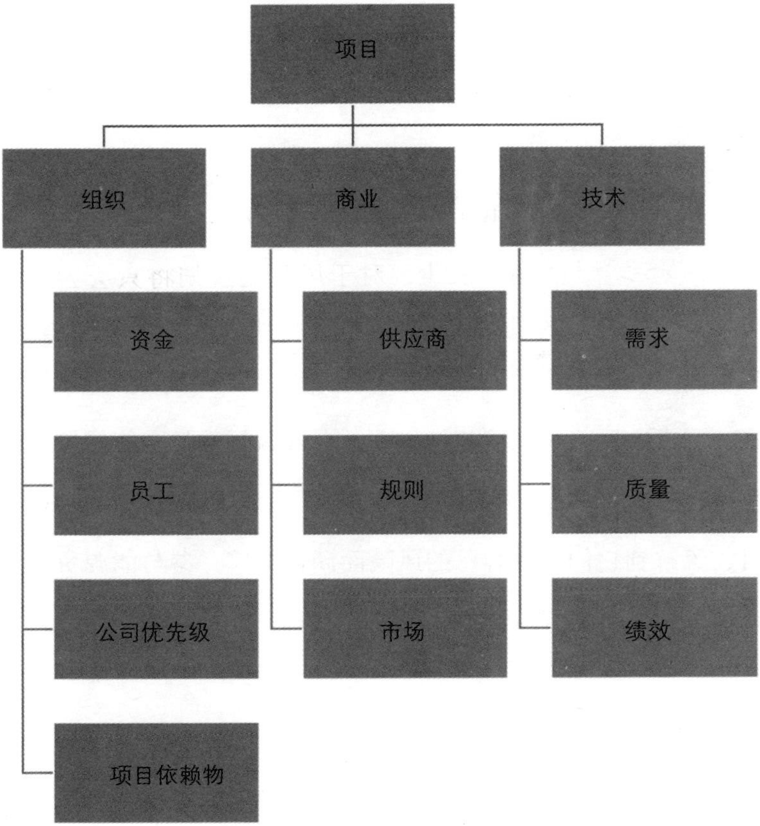

图 13.1　传统的风险分解结构

当大多数领导人考虑他们项目的风险时，首先想到的是技术风险。通常他们非常善于减轻这类风险，因为他们就陷在这些已知或可预见的风险中。不过，他们经常考虑不到另两类风险。商业风险和组织风险总是可以预见的，但是通常是不能被评估或规划的。如果这些危害不能被考虑到，它们就会影响到项目要交付的综合收益。

发起人的风险容忍度

在你对如何规划风险开始做出决策前，你需要考虑，为了成功完成项目，你的发起人愿意承受的（风险容忍度）风险量。通常，风险容忍度与指导委员会或执行委员会能够接受的容忍度有直接关系。过去很多年，我曾经为能源公司管理项目，了解到它们能够容忍的风险面涵盖甚广。参与能源贸易活动的公司，比经营石油和天然气油田的公司能接受更高的风险。

如图 13.2 所示，作为项目经理，我们长期看到的是经典的三重约束，在过去几年也看到了更多扩展的模型。然而，为了讨论的需要，我会重点关注简化模型，以便对你如何能够吸引发起人参与风险进行探索。

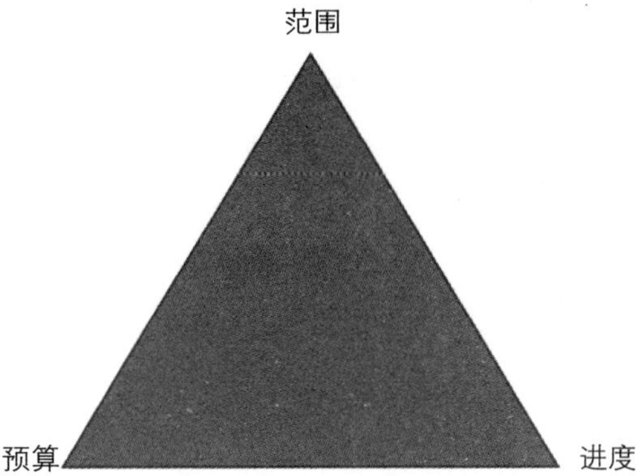

图 13.2　经典的三重约束

如果问大多数发起人，“这些约束中哪个最重要呢？”你可能获得类似这样的回答，“它们全重要！”不过，根据我的经验，通常有一个比其他的更重要。例如，作为和发起人讨论的一部分，你可能认为实际上项目进度是最重要的，因为你的团队正在开发的产品对于公司的未来产品线非常重要。管理团队认为存在一个严重的风险，即被竞争对手抢先打入市场，开始锁定市场份额。在这个案例里，对他们而言影响进度的风险更加重要，如果意味着抢先上市，他们可能会容忍预算的风险。在这种情形下，重要的是和发起人沟通以确定协议，请求用来减轻风险的应急费用或是伴随事件开展可能需要的额外资金。

在另一个案例中，你的发起人可能会告诉你他真的做不到向高管团队要更多的钱。这意味着预算不可改变，超支不受欢迎。在这个情况下，当执行项目出现问题时，你需要对如何减少项目范围进行讨论。为什么是在现在而不是以后进行讨论，将在第 14 章阐述。

有效管理恐惧

我曾向一位优秀教授说明，为什么在项目早期作为规划阶段的一部分要进行对话。正如你从图 13.3 能够看到的，随着恐惧的等级上升，相关的思考会减少。你如果想一下自己的经历，很可能看到过这个动态情形。当所有人都处于早期的稳定状态，和发起人一起工作将会为解决方案提供更好的头脑风暴。一旦处于项目执行阶段，讨论预算就会被看成是在肉搏战中请求暂停。你不会得到满意的回答。

我也会建议你和发起人讨论组织和商业的风险。在一些组织型风险里，他会更有准备在这些情况下帮到你。例如，假设你正在组建团队，一些团队成员是从业务部门挑选出来帮忙的。根据我的经验，他们的日常工作是他们的首要关注点，将会大量消耗他们用在你的项目上的时间。既然你对这些人没有直线职权，你不能“命令”他们来完成项目工作。在这些情

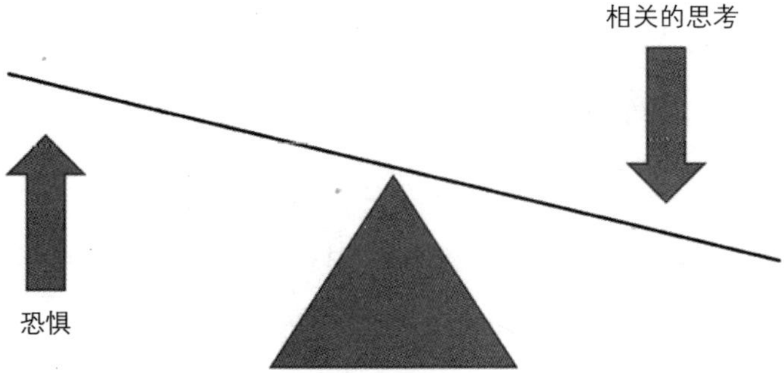

图 13.3　恐惧对于决策制定的影响

况下，你就需要发起人，他能够和这些人的经理对话，找到解决方案。你必须在项目开始就识别这个风险，获得发起人在那些情况下提供帮助的承诺。

当你把项目可交付成果转到运营部门，会有其他的运营风险。我已经发现如果项目要成功，就需要在变更管理方面加大投入。在我领导的一个自动化项目里，曾出现来自油田运营人员的强烈抵制。让我给你介绍一些背景，以便于你能够理解发起人和我如何一起工作来解决抵制问题。

这个项目涉及北美地区一家中型公司的陆上运营。他们过去管理油田资产的方式，是由技术人员按照预定义的路线检查，根据设备需要做出调整。公司想要在各个地区建立自动化设备控制的中央运营中心。中心的技术人员能够监控油井的绩效，在需要时使用遥控做出调整。如果发生重大的事情，那么中心能够高效关闭油井，或者把一个或多个技术人员派到现场，可能会单独或同时采用上述手段。一旦技术人员到位，他们能够评估和解决问题。

你能想象得到，对老系统下的自由自在非常享受的油田技术人员，不急于拥抱新的工作方式。油田人员的一个最大恐惧就是想象这个自动化系统将会削减工作岗位。我和我的发起人，研究和技术总监，不得不制订计划让每个地区的经理确保沟通是有规律并且稳定的——这个项目并不是削减工作岗位的项目。我的发起人亲自去做工作，但实际上只有来自他们人事主管的信息，他们才会相信。他们对我的发起人所代表的公司没有多少信任，我发现无论在哪里，情绪都司空见惯。我们和油田负责人每两周沟通一次，要求他们在周一的工作早会上给他们的人传递信息。

虽然我们的努力没有消除所有紧张或抵制，但还是相当有帮助。我相信我们的努力让公司满足了这个项目的商业目标。

我在项目里经历的另一个情况是，预算突然被随意削减（我个人认为），但是我仍然期待在没有最初的资金拨付的情况下交付项目的范围。在我领导的所有项目里，这明显是风险。因此，在项目早期就和发起人对话是非常重要的。

从我的一位项目管理导师那里，我学到了一个非常重要的策略，重新提一下图 13.2 的三重约束。这个对话能够引导发起人明白他可能对三重约束中的两个有要求，但是你被指定的是第三个。因此，在我的预算削减的例子里，我希望回到三重约束，请求发起人帮我弄清楚如何削减范围和进度。对话的重点不是我不接受预算变更，因为我的发起人很可能对此也不开心。在上述项目里，我的发起人是公司的首席技术官（CTO）。大多情况下，因为发起人在公司高层，你可能认为自己会相当踏实。不幸的是，他也有个老板——首席执行官（CEO）。CEO 命令我的发起人削减项目预算。在我确信的经过了激烈的讨论之后，CTO 不得不接受命令。我也不例外！然而，因为我们曾在风险管理的早期讨论中，谈到过这样的风险，我们就能够迅速进入任务状态，决定如何减少项目范围匹配削减的预算。

商业风险

我发现让我的发起人参与商业风险非常有帮助。我提前打招呼，如果市场可能影响到我们的项目，请他们帮忙让我知情。许多项目需要持续一年以上彻底完工，投入生产。一年里会发生很多变化，但是我经常埋头苦干想方设法交付我的项目，而没有注意到商业环境已经发生某些变化。

例如，我回忆起一个项目，其商业诉求是我的项目正在开发的新产品能够成为市场第一。我的发起人从一场技术会议回来，会上有传言竞争对手拿出了新设备，听起来与我们正在设计和建造的非常类似。因为我和我的发起人早在几个月之前就讨论过这个问题，我们就有计划减轻竞争对手提前上市的风险。同样非常重要的是，发起人已经提前向指导委员会阐明了我们的策略，因此我们不必等到审批通过，才去执行我们的减轻计划。我们向前推进，新的自动化设备抢先进入市场。最终，公司获得了50%的市场份额。

我的发起人因为交付了公司级的项目而广受赞誉，他非常感谢项目团队为交付所做的工作。因此，为了表达感谢，发起人安排整个团队到拉斯维加斯（Las Vegas）公费度假。

我坚持认为发起人必须是商业风险的驱动者。作为项目经理：

- 我们不可能足够早就发现其中一些风险
- 由于缺乏组织职权，我们不能减轻这些风险

记忆要点

- 了解你的发起人和其他关键高管的风险容忍度
- 恐惧和不确定性需要认真管理
- 理解你的发起人和其他高管更关注商业风险而非技术风险

第 14 章

和发起人处理项目范围

在项目管理领域，有两条金科玉律：

1. 项目要成功，项目范围必须明确定义。
2. 在项目过程中，项目似乎总是发生变更。

和你的高管发起人一起高效工作，对于掌控项目期间不可避免的范围变更非常关键——特别是对于长期项目而言。

定义范围

在多年的项目交付中，对于什么在项目范围之内，我很少和发起人发生争论。各种文件，例如商业论证，通常包括了对于范围的输入，并且限定了项目范围。

但是，对于什么不在范围内，我经常和发起人发生争执。这就是为什么我建议你要和发起人一起工作定义范围。让我举例说明我的意思。几年前，我的团队正在实施一个新的后勤系统。客户在早先实施 ERP[1]（企业资源计划）软件的客户化方面有过教训，因此他们在我的项目上选择少做客户化服务。当我们定义范围时，我在范围说明书里特别描述了项目团队计划使用供应商提供的标准培训包。

作为我让发起人参与的一部分，我对范围说明书进行评审，它包括什么在范围内，以及我认为什么不在范围内。想象一下我的惊讶，当我的发起人告诉我，他希望把客户化培训作为让人们准备上线的一部分。正如你能想到的，这对项目而言是个大问题。

正如你很可能知道的，系统实施培训通常在接近项目结束准备上线时进行。在这个案例里，几次课程后，我的发起人和我不得不坐下来讨论，我们的相关方对于只接受了系统方面的通用培训是多么的不高兴。考虑到时间安排，项目团队在临近项目结束时，仓促建设和交付客户化培训。正如你能想到的，就不可能完美！

让事情更加复杂的是，我没有在我的项目团队里找到能够建立系统方面的客户化培训的人。我的确认为我的商业分析师能够提供通用培训，因为他们了解系统，并且具备基本的讲台技巧。

因此，当我的发起人表达了他对培训的期望之后，我有能力开展对话表达我的意见，项目预算看起来不足以覆盖更多的人——那是我建立客户化培训所需要的。在我提出了额外的费用估算之后，我的发起人去见了另外一位关键的高管相关方，看看他们是否能够提供额外的资金建立客户化培训。结果，高管们觉得通用培训就够了。从根本上说，他们想要客户化培训，但是不愿意买单。

经过这个过程，如果相关方再抱怨通用性的培训，我的发起人就能够维护决策，并且号召其他的高管确认他们的确决定通用的培训就足够了。

其他假设条件

培训的案例只是项目假设条件的一种情况。你需要和发起人一起工作找出其他的假设条件，以便你能够把它们纳入你的范围说明书。

这些假设条件可能来自项目和业务。例如，回顾一下我的项目团队只能在港口对远洋船只上的装置进行系统升级。让事情变得更复杂的是，只能在世界各地的特定港口进行安装，而不是所有的。

项目团队不得不做出的一个假设是，对于特定船只什么时候将会位于选定的港口，客户将会给我们提供一个精确的进度计划。正如你能想到的，进度计划是不固定的。要知道，只有处于运输中，而不是停在港口，公司拥有或经营的这些船只才能赚钱。我和发起人一起工作来设定正确的客户期望，即他们的行动可能会怎样导致项目进度延期。

我们的项目管理社区的一些人，可能把这个案例看作是项目上的制约因素，可能会用这个概念提出有力的主张。不过你看看这个情况，无论作为假设条件还是制约因素，关键的是你正和发起人一起工作来确保你们达成共识。

通过和发起人就这类问题达成一致，随着项目进展当你需要的时候，就可能会更有把握获得你所需要的支持。所有这些讨论需要发生在你开始项目规划之前，或者就在规划阶段期间。无论如何，如果你没有进行这些对话，就不要开始执行。

被项目超出范围所影响

根据我的经验，我总是不断看到项目暴露了超出项目范围的糟糕商业做法。我坚持认为造成项目范围蔓延的一个最大因素，是项目决定或者被迫去处理这些糟糕的做法。除非你正在项目执行的过程中，否则并不总是能够认识到这些糟糕做法的存在。因此，在规划阶段我会和发起人讨论如何应对这些情况。我尽量获得发起人的同意，我们用两种方式之一来应对这些做法。

1. 我的发起人要和她的高管同事一起组建工作组，其目的是处理项目揭露出来的糟糕商业做法。常见的情况是，工作组的建议会影响到项目，但是如果发生这种情况，我们同意去走范围变更流程。

2. 项目既定要作出所需的变更修正糟糕的商业做法，但为了变更，要配套增加适当的范围、预算和进度。

无论采用什么方式处理问题，项目范围都要被管理。我们不会陷入范围蔓延问题，是因为在所有层面创建了透明的过程。

如何管理范围变更

所有这些情况造成了变更或者改变项目范围的需求。在这个非常重要的过程中，这里是一些我让我的发起人参与进来的方法。

在进行范围变更时，获得我的发起人的同意使用 RAPID 决策制定模型，我发现是非常有帮助的。当关键的相关方打破了组织和/或职能的边界时，这个模型特别有价值。RAPID 是缩写（正如大多模型的名字一样）：

- R = 建议（Recommend）：这是基于在公司的职权线，能够实际提出行动或解决方案建议的人。
- A = 同意（Agree）：这个人必须同意变更范围的建议。换句话说，这个人对于范围变更拥有否决权，在范围变更发生前必须同意。
- P = 实施（Perform）：这是将会实际执行与范围变更有关的工作的人或群体。通常是项目团队，但也不尽然。
- I = 输入（Input）：这个人或群体通常拥有信息、数据或一些其他允许范围变更实际发生的特性。
- D = 决定（Decide）：这是我真正喜欢这个模型的地方。它清晰定义了谁有权力对范围变更问题做出决策。特别是在关键的相关方在组织结构图中是平级的项目里，它识别出是谁对特定的范围变更实际做出决策。

如图 14.1，我发现和我的发起人完成这个模型让整个范围变更管理过程更加快速——不一定简单，但是更快了。

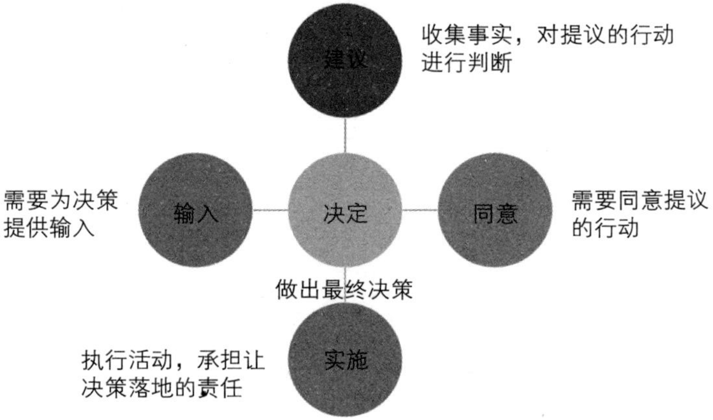

图 14.1　RAPID 模型

职权等级

我要讨论的是谁有权力批准我的项目范围的变更。大多数情况下，我的发起人会想要拥有这个最终权力，但也不尽然。例如，如果变更是因为监管要求，我的发起人可能授权给法务或健康、安全和环境（HSE）做决定。

评估变更请求

任何时候都会有变更请求，应该以正式方式提出。一封电子邮件或在过道里的短暂交流，不应该成为变更请求提出的方式。变更请求的确可以从那开始，但总是需要变更请求的文件和一套正式的信息元素，包括：

- 对提出的变更的描述
- 你的团队对于进度和预算做出的影响评估
- 对于可交付成果的质量的影响
- 如果请求遭到拒绝的任何影响

描述这个过程的真正目的在于不要造成不必要的官僚主义，但是允许你和发起人评审信息。我知道这看起来老生常谈，但是需要提出变更需求的人书面描述到底想要什么——以及为什么——需要严格澄清，那是仅仅来回讨论所永远不能提供的。在大多情况下，变更请求会提交给你，你必须和发起人一起打包评审。这个循环回到了我最近对于不要让你的发起人吃惊的论述。在你对这类细节提出要求的同时，发起人继续表现得胸有成竹，项目管理良好。

变更请求的性质也可能会造成你的发起人和关键的相关方召开变更控制会议。他可能想让他们考虑这个请求，并在最终决策被做出前提供输入。通过让所有的基础信息文档化，你的发起人可以提前发出请求，以便相关方可以在参加会议前进行评审。

总之，对于范围定义和范围变更的细节，你要和发起人齐心协力，这会让你在需要时得到你所需要的支持。你的发起人将会处于更加有力的位置维护项目，让其免于受到在项目进行中不可避免的攻击。

记忆要点

- 确保在项目开始项目范围就明确定义
- 挑战任何假设条件
- 区分受到项目影响但超出范围的细项
- 认真并且正式地管理范围变更

第 15 章

为关键决策提供选项和建议

和高管发起人建立信任关系，最重要的部分是随着项目进展为其提供重要决策的选项或建议。

决策支持包

当请求发起人做出与项目有关的决策时，我制定了一份决策支持包（DSP）作为辅助，它包括了我认为一位高管发起人在做决策时可能需要获得的全部信息。

一个关键问题是在过程中的哪里提出建议。大多数时候，我喜欢一开始就展示团队提出的选项。然后我尽量想象团队是如何得出这条建议的。换句话说，以终为始，从这条建议开始，然后使用 DSP 里的其他材料支持这条建议。

不过，我知道项目经理们喜欢把建议放到展示完他们的全部信息之后。我担心使用这种方式继续下去，交流会变得“靠边站”，我们永远都不会再去理会那些建议。那就是说，如果你以前曾经和高管一起工作过，你就会知道以建议开始不会被顺利接受，无论如何要等待，一直到你的 DSP 的最后，再提出你支持的解决方案。

下面是建立 DSP 的一些步骤（我会在后续章节讨论每一步的细节）。

1. 提供一份目的说明书
2. 识别任何与决策有关的拦路虎
3. 详细描述决策应该取得的最终结果
4. 评审待考虑的选项
5. 提供一份收益分析
6. 识别与待考虑的选项有关的任何风险
7. 达成最平衡的选择，那就是你的建议

现在让我们来看一下每一步，我会对它们如何帮助你和发起人一起工作进行解释。为了解释这些步骤，我将采用一个汽车配件连锁店项目的案例，这个项目希望为其门店安装升级的 POS 系统。这些门店面对两类客户，一类是逛街走进来的，一类是和门店有账务往来的专业汽车维修商。对于不熟悉 POS 系统的人，你的杂货店很可能使用这类系统对你要买的东西进行扫码。这些条目明细会出现在门店连接的屏幕上，这样你就能看到费用，还有你所购买的每个条目的数量，以及你必须最终支付的总额。

目的说明书

由于发起人通常不介入项目相关的日常活动，以清晰明了的方式为他提供决策背景就很重要。决策的目的以及问题或机会的定义也应该被清晰描述。如果决策对时间敏感，你必须在提出你的 DSP 时就让发起人知道。这些决策总是比你或你的发起人乐意接受的时间持续得更长，但是你现在面临的是如果延迟决策就会推迟时间线。

在我的案例里，项目的第一阶段是推荐供应商。我提交了一份目的说明书，团队会基于四点考虑向管理团队推荐系统：

1. 价格
2. 可靠性
3. 维护费用

4. 人员成本

我的发起人同意这个说明书，重申管理团队想要评估总成本，而不只是最初的成本。

拦路虎

我也想知道决策是否会有拦路虎。拦路虎是解决方案必须满足的关键需求。换句话说，这里不存在“也许”。正如所有项目要做的，我们已经收集了系统需求，但是我想测试其他的需求，确定是否它就是拦路虎。小道消息横行，就是公司可能会从另一种汽车配件连锁企业进行采购，这将会让公司规模扩大大约 40%。我需要知道在选择一家供应商时，项目团队是否需要对此有所考虑。

正如大多数情况那样，我的高管发起人不能如我所愿对小道消息进行确认。但是，他说团队应该在评估供应商时把适应快速扩张纳入考虑因素。

项目的另一个拦路虎与财政年度有关。该公司的财年始于十月一日，管理团队期望系统在下一年伊始就得以运转。

最终结果

当你向你的发起人展示选项或建议时，你必须把他们与项目要取得的最终结果进行关联。你将要基于关键的最终结果提出选择分析。请相信我说的话，项目经理和高管评估结果的方式并不相同。

选项

全部需要考虑的选项应该在此时放到 DSP 里评审。表达与重要特性有关的选项非常关键。(如图 15.1 所示，使用这个矩阵帮助团队分析选项。）这也会让你的发起人看到团队是怎样比较不同选项的特性的。这是推销你的建议的关键。看到团队得出建议所用的过程，将会帮助你的发起人深入了解你们。(还记得我建议的，对变更的论证是深入了解发起人的一种方式吗?)

我曾经用得非常成功的一个小窍门是，把要“获胜”的选项放到最前或放到最后。大多数时候我把推荐的选项放到最前面，因为我想让它比其他选项更加突出。不过，我曾经和发起人一起工作，对于她们，我把推荐的选项放到了最后，因为她们采用的逻辑更简单。

第 1 步： 纵向列出所有选项。
第 2 步： 确定重要的最终结果，酌情增加/移动列。
第 3 步： 为每个最终结果设定相对权重（例如，8 就是 4 的两倍权重）。
第 4 步： 按照选项满足最终结果的程度，按 0~100 给目标打分（最好是按照属性对属性的方式来做这个）。
第 5 步： 应该考虑最高分的选项。

	1	1	1	1	1	5
	20%	20%	20%	20%	20%	100%
选项	最终结果1	最终结果2	最终结果3	最终结果4	最终结果5	分数
选项A						0
选项B						0
选项C						0
选项D						0
选项E						0

图 15.1　决策矩阵样例

注释： 对于你在考虑的选项，决定哪个属性能够用来帮助做决策。你可以包括尽可能多的属性。例如，如果你在考虑多个供应商，你可以使用这些属性，如成本、可靠性、公司规模、专业性、流程熟悉度，等等。如果你按小组来做这个，要确保每个人对属性的含义理解一致。包含一些字眼往往会有帮助，如："过程熟悉度——供应商对在我们公司做事方式的了解程度怎样？"

对于每个属性，设定大于 0 的相对权重。在这个决策矩阵里，数值的范围并不重要；重要的是这些数字之间的相互关系。例如，如果成本被设为权重 8，专业度被设为权重 4，就是在说在你的决策里成本比专业度重要两倍。很显然，低权重不如高权重重要，如果多个属性分享同样的权重也是可以的。在那种情况下，你要说的是这些属性将被平等对待。在分组情况下，讨论这些属性的相对重要性就非常具有启发性，它是达成共识的神奇方法。

列出所有的选项，在我所用的案例里，这里将会是供应商的名称。然后，对每一个属性对应的选项按 0~100 打分。我强烈建议在移到下个属性前，给每个属性对应的全部选项打分，因为这样更容易想象该属性，然后逐个对每个选项打分。当然，如果你还不知道全部选项，就不能这样做（例如，如果你是为了招聘面试候选人使用这个技术，你可能需要在打电话的同时给这个候选人的每个属性打分）。打分不必完美，0 可能意味着不好、不够自信、不适用、失败等，而 100 可能意味着很好、高度自信、有人担保等。

如果这个决定必须得到指导委员会或执行委员会的批准，我建议你和发起人一起工作把选项预售给关键的相关方。当你和这些人单独交谈时，你通常会获得与风险和其他因素有关的诚实反馈或建议。如果一位关键的相关方强烈反对，并在一次这样的会谈中提出来，你和发起人要花时间弄清楚需要为此做些什么。如果你一直等待，直到向指导委员会展示，那么众目睽睽之下的当面反对足以让你的选项落空。

收益分析

当看过决策矩阵之后，收益评估不仅更加简单，同时也更加明显。在这个 DSP 环节，我通常从下面选择每个选项的收益：

- 超越基于最终结果的需求或者给公司带来重大好处
- 满足要求/需求
- 不满足要求/需求或者带来不利

这个分析同样应该设定权重评估选项。并不是所有属性会有相同的权重，这也会影响建议的分量。

风险分析

不对项目管理进行评估就意味着完全没有风险评估。对于推荐的选项更是如此，你需要强调：

- 什么可能出错？
- 假如风险发生，每个风险的影响是什么？
- 每个风险发生的可能性是多少？
- 如何才能减轻或规避有重大影响的项目风险？

这里我想回到关于风险的第 13 章，要提醒你的是，对于许多发起人而言，商业或组织的风险比技术风险更重要。因此，为了完成风险分析，要特别注意这些风险，即使技术风险显而易见。也是在第 13 章提过的，你必须让发起人建立信心，你能够应对可能发生的任何风险。

最平衡的选择

最后，可能没有完美的解决方案推荐给你的发起人。务必确信你和团队已经推荐了基于数据，也被其所支持的正确选项。我最常见到的是，人们先入为主开始这个过程。当他们开始调查时，他们好像是在使信息和数据倾向于支持他们最初的解决方案。几乎就不存在会让所有人满意的建议，因此就不要去试了。要选择你能够基于数据和已经做出的假设去维护的建议。

展示选项

当你提出选项和建议时，另一件要考虑的事是选择和你的发起人对它们进行沟通的最佳方式。每个人都有处理信息的不同方式，因此要想想他们怎样才能最好地接受信息。他们是否更喜欢：

■ 阅读，那就写出他们需要的全部内容。

■ 倾听，那就安排面对面的会议口头提供他们所需要的。

■ 使用数字，那就量化你要建议的内容，并把它列入电子表格。

我曾经遇到过上述所有类型的发起人。在一个项目里，我的发起人需要阅读信息，在准备把决定讲给我之前先进行消化。我也遇到过有些人真的不怎么阅读，如果他们去做，阅读对象越简单明了越好。这些发起人更愿意和我坐下来，口头过一下信息，这样他们就能够提问并且在他们需要时寻求解释。

我曾领导过一个新的信用卡系统实施项目，我的发起人来自内部审计部门。冒着刻板的风险，我不得不说，为了让她理解我的请求，我不得不使用电子表格、图表和图形对信息进行解释。

重点是你要采用让你的发起人做出明智决定的方式展示 DSP。采用本章的指导方针将会对你和发起人建立起牢固关系大有帮助，从而让你在需要时获得恰到好处的支持。

记忆要点

- 创建决策支持包
- 使用决策制定过程
- 展示决策制定过程中要考虑的选项

第 16 章

和发起人沟通问题

项目管理中最困难的任务之一就是告诉发起人与项目有关的问题。无论何时发生，我都会手心出汗，呼吸加速，喘不上气。不过，我已经明白当你不能改变身体对环境的反应，你可以进行计划和行动，以便能够自信地进入状态。

让我们来回顾一下本书前面的内容作为开始：永远不要让发起人被问题惊吓到。当另一位高管找上门来，如果你的发起人对问题一无所知，你们两个都会受到政治影响。

既定的升级流程

让发起人参与到问题中来的一个最佳策略是，有一系列既定的步骤来处理不能通过达成共识而解决的问题。这并不见得复杂；事实上它应相当简单。让你的发起人和其他高管在项目开始就同意一个升级流程会更加容易。在那个时候，每个人都还对项目的收益充满期待，已经暂时把办公室政治放到一边。如果你没有在项目开始时花时间制定升级流程，你可能将发现自己处在困难的情境之中，我的同事曾经经历过。

几年前，一个年轻的项目经理找我寻求建议。他遇到一个问题，使他的项目停滞不前，如果他不能解决该问题，项目就有失败的危险。简而言之，他遇到了一个影响两个相关方群体的技术问题，而双方不能或不打算就解决方案达成一致。我询问这个项目经理，他是如何尝试来解决这个问题的，他回答说通过与关键的相关方开会。我问他为了解决这个问题他发起了多少次会议，他回答说他已经开了八次无效会议。好严重，八次会议！我让他找发起人来参与，他回答说他真的不知道如何去做。这个时候，他的项目危在旦夕。

根据经验，我为自己的项目建立了基本原则，我们会就某个问题开三次会。如果我们不能解决，问题就要升级给发起人。我建议你在项目开始的时候就提出一个升级流程，并获得发起人同意。

我的升级流程一般包括四个步骤：

1.“我们知道有问题，并且有计划解决。”

2. “如果可以，项目团队将执行B计划让项目保持进度。”

3. “我将会让你知晓项目进展，假如你收到关于这个问题的提问，就不会一无所知。”

4. “当我们解决问题时，我需要你的支持。”

最后，如果我需要让发起人参与解决问题，那么我会为她提供一个概览：

■ 从每一位相关方的角度定义问题

■ 识别每位相关方视为解决方案的选项，以及与之关联的风险

■ 把项目团队的输入和/或建议包含进来

此外，如果发起人需要和其他高管讨论问题，我会努力帮着建立信息。我的目标是尽可能保持信息平衡。

对发起人而言，如果一个答案或解决方案对时间是敏感的，很可能对解决问题最重要的方面就是提醒她。无论你怎么看待，在大多数公司里，做决策都是磨磨蹭蹭的。我记得在一个项目里我的发起人必须获得CEO的决策，我们才能推进。可是，CEO竟然花了三个月时间才最终给我的发起人答复！

你很容易想到，项目进度被耽误了好长时间。不过，由于我的发起人了解上述过程对项目进度的影响，他有能力以政治上可接受的回应反驳任何对项目延误的批评。

使用根本原因分析来解释问题

当和发起人一起工作应对已经发生的问题时，我发现非常重要的是采用根本原因分析作为问题定位准备的一部分。我的理由很简单——对症下药！

鉴于相关方的视角（通常基于他们的职能角色），他们经常对问题症状有所反应。如果人们从不同的角度理解问题，就很难达成共识。一个非常有用的根本原因分析工具是鱼骨图（也被叫作因果图）。图 16.1 描述了我们在一个项目上做的根本原因分析，当时团队正在建立模型，并要把它们转移到船只维护系统。在转移之后客户检查了模型，零件或一些型材缺失了。随之而来的返工造成了一些延误。不过，如果是别的问题，而不是人为差错，那么让模型返工并不会解决问题。

在评审问题时，重要的是确认因之产生的影响。这需要总体上识别四类问题：

1. 绩效（运营）

2. 定位（战略）

3. 可见的（与结果相关联）

4. 不可见的（与影响相关联）

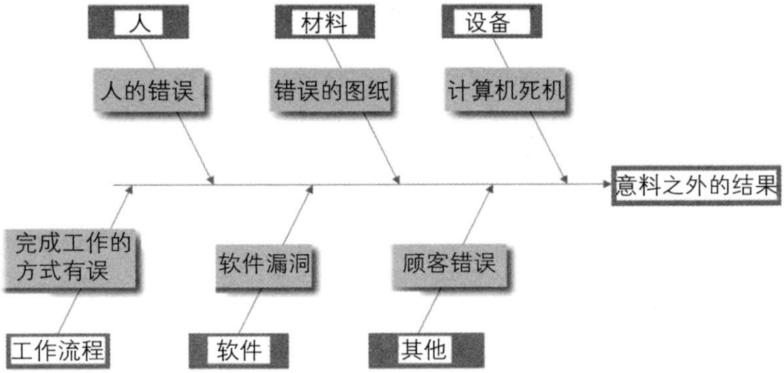

图 16.1　根本原因分析样例

你需要用事实描述事件或现象，包括与失败有关的数据。如果可能，对于导致失败的数据进行收集并创建事件时间线。确定失败的事件多久发生一次，特别是当业务流程受到影响时。最后，作为数据收集的一部分，识别失败事件的准确时间和位置。

重要的是在每一步问一下为什么，确定是什么可能导致了那个步骤。然后你可以创建鱼骨图。

鱼骨图曾用于一些行业解决问题，阻止事故，或控制质量。识别因素和结果的首要目标是为了识别需要改变哪些措施或条件来阻止类似现象。

如果其他高管抱怨问题没有得到妥善处理，发起人可能需要这个背景信息。有怨言的高管的意见通常是基于他们信任的副手提供给他们的信息。这就是观点与组织内部的政治格局发生冲突的地方。你的发起人会持有你提供的背景资料，让他能够凭借过硬的数据和分析支持项目团队。这类信息很难反驳。

依据我的经验，根本原因分析也能发现项目范围外的问题。我的许多项目是系统项目，我发现的事情之一是系统项目经常揭露出糟糕的业务活动。在发起人有几个选项的时候，你可以凭借已经收集的数据提出：

1. 把问题移交给与项目隔离的工作组以彻底解决
2. 把问题移交给另一位可能更适合处理的高管
3. 扩展项目范围，把纠正糟糕的商业活动包括进来

我的经验是，如果问题是在他们的控制范围之内，发起人通常会选择选项 1；如果必须在其之外纠正，发起人就会选择

选项 2。他们很少会选择要求增加项目时间和预算需求的选项。

凝聚共识

如果你的项目进度允许，当跨职能线的问题发生时，你应该尝试达成共识。

共识是相关方之间在决策和后续行动上协同决断的总体协议。共识通常包含协作而不是妥协。

为了尽量凝聚共识，要邀请关键的相关方参与到流程中。有两种关键的成功因素达成共识，它们对于你的发起人和其他关键高管非常重要。

首先，要求所有正在致力于问题的人理解每个团队的关注点。按我的经验，常见的情况是人们倾向于直接跳起来辩论解决方案。应首先寻求理解的另一个原因，与厘清问题的症状和根本原因有关。在我多年的项目工作里，相关方不同意一个解决方案的原因是，他们对它没有一个共同的定义。他们实际是在描述自己接触工作流或流程时观察到的症状。

在对每个相关方群体的关注点寻求理解之后，下一步是发现对问题的共同定义。事实是如果没有共同的定义，就不可能有真正的解决方案。

当你按照这些步骤进行时，大多数时候你会找到解决方案。这对你的发起人和其他高管非常重要，因为你已经证明了那些向他们汇报的人提供了对解决方案的输入。因此，无论什么解决方案，都会得到更热烈的支持。更不用说你的发起人已拥有所需的弹药，来展示项目是如何被控制和专业地管理的。

不过，有时候无论你多么努力，都不能促成共识。这时候就需要使用既定的升级流程。

确定纠正措施

一旦已经识别了根本原因，你必须确定要完成优先行动所需的投入。一旦被另一位了解情况的高管问到，你的发起人最起码事先知道这个问题，这点很重要。通常，我会和我的发起人分享相关信息：

- 识别将会负责纠正措施的人员
- 调整所需的投入解决问题

■ 项目进度方面的措施效果

要记住，目标是给发起人信心，项目处于控制之中，正被认真管理。他自己可能永远都不需要根本原因分析数据，或者纠正措施的细节，但是对他来说了解这些总比当被他的老板或同事问到时毫不知情要好得多。他想要的是能够自信地回答他拥有这些信息，而如果同事想坐下来详细查看数据，所需的只是检查他们的日程表并安排会议。

记忆要点

■ 拥有一个预先确定的升级计划

■ 使用根本原因分析

■ 建立解决方案共识

■ 确定并“售出”纠正措施

第 17 章

利用发起人和运营沟通

根据我的观察，在项目里非常普遍发生的是项目经理看不到一个事实，就是他们的项目最终产品或可交付成果终归要移交给公司里的日常运营小组。换而言之，它会从“一个项目”转变为人们每天用来帮助他们完成工作的操作程序、工具或设备。在把项目可交付成果移交给运营小组前，许多任务必须提前完成，其中和沟通有关的最重要的事情之一，是让运营小组做好准备接收这些可交付成果。

在本章，我想要谈及为什么聚焦于这些沟通如此重要，以及什么时候利用发起人将会是进行这方面沟通的关键。

- 永远不要假设谁是无所不知的
- 团队越大，就越要注意沟通
- 当一无所知时，人们倾向于空想出流言蜚语[1]

在和运营沟通时要记住的第一件事就是风险。作为项目经理，我们维护风险日志，但是这些风险通常与项目有关。大多数运营经理与项目相关的最大恐惧是，项目团队和项目经理会制造问题，使他们经营业务的能力受损。运营经理对项目的担忧真正聚焦在中断和降低他们的运营绩效考核的风险上。重要的是，要记住运营经理经常通过达成运营目标获得奖金：如果他们不能达成，通常就会让一部分奖金处于风险中。所有项目都制造风险，运营经理都知道这点。许多运营经理在过去都有过被项目以各种方式伤害的不好经历，因此他们不渴望拥抱任何项目。

当你开始执行沟通计划时（见第 10 章），有一些简单方针需要在传播好消息或坏消息时遵守。

好消息–坏消息

好消息：

当有好消息要沟通时，在消息开头就要传播信息，通常使用庆祝的语调。通过这些，你能够解释好消息的影响，然后附上任何细节，以便让你要沟通的小组感兴趣。例如，当我的系统项目对系统进行用户测试时，系统通过了，我就会开始沟通，同时祝贺主动承担测试的用户和项目团队成员。他们提供了对项目有价值的服务，他们的贡献需要在沟通中得到确认。沟通也应当详细叙述通过测试所产生的影响，它与系统稳定性有关，能让其他用户对使用系统很兴奋。另一个需要考虑的是沟通敏感性（如果你忘记了敏感性是什么含义，看一下第 10 章）。基于相关方群体的敏感性或者消息本身，由发起人把消息传递给运营小组可能更合适。请记住，运营人员所关注的是项目的不确定性。

坏消息：

我对传递坏消息的建议是，它通常必须要与传递好消息区别对待。当你传递坏消息时，对那些最先接受沟通和了解它们的人，尊重他们的感情和之前的贡献非常重要。然后，写消息的人要试图使用原因和事实来“解构”坏消息。

“框架化”被定义为通过沟通描述某个情形，以鼓励特定的观点，并阻止其他的。

是的，它是坏消息，但是“框”住这个情况的目的是你想要人们接收信息，认为项目在控制之中，问题会得到解决。

例如，在我负责的一个 CRM（客户关系管理）系统项目里，我不得不向销售代表传递一些安装 CRM 的坏消息。当对系统进行评审并选中了当前系统时，安装 CRM 系统的供应商所承诺的一个特性是销售代表能够向系统自动上传他们的合同清单。但是，经过几次测试，项目团队确认自动传递导致了太多的错误以致没什么用。他们想出了一个使用电子表格的变通方案，但是这对于销售代表来说太浪费时间了。我知道销售代表对于开发并不满意，因此我需要项目团队准备关于自动传递失灵的全部细节。我不打算粉饰问题，但是我需要销售代表从长远的角度来看待这个问题。我担心销售代表失去对系统的信心，那样的话我的团队将会失去这个重要相关方群体的支持。此外，我也想针对供应商承诺并看起来工作良好的全部其他功能进行沟通，当系统运行时，销售代表将会收获全部其他好处。

在这种情况下，我决定和销售副总以及他的一位关键直接下属一起工作，而不是和发起人。我感觉他们是沟通消息的正确人选。这并不是说我不情愿分享信息并承担随之而来的压力。利用这些关键高管的目的是要确保销售代表知道他们的老板们没有对系统失去信心，因此他们也不应该失去信心。

在准备和这些高管们沟通时，我必须和他们一起工作，分享我拥有的全部信息。没有谁喜欢传递坏消息，他们也不例外。我不得不解释在沟通中权力基础的概念，证明让他们传递消息是合理的。

尽管这个案例并没有涉及发起人，其基本思想还是相同的，仍然涉及和高管们一起工作。很多情形下发起人是传递消息的正确人选，这样的情形你自己会发现的。

通知其余的管理团队

每隔一段时间，你的发起人就会向高管团队的其他人报告项目的状态。这可能是对你和你的发起人都充满了潜在风险的时间点。这里的一些想法，将会帮助你掌控局面。一旦如此，你需要写出第一份草稿，然后和你的发起人合作完善描述。

第一步是要记得管理团队对“天气预报”不感兴趣。既然进度和预算是重要的，他们就会寻求理解其他细项，其中之一就是你要如何解决已经发生的问题。因此问一下你自己，他们对于项目和问题可能会问些什么。如果他们已经从运营听到问题，对于现状他们可能需要什么信息。如果你已经忘记了，要记得这些会议上牵扯到的政治。这是一群高度竞争的 A 型性格的人，他们努力使自己成为 CEO 眼中的明星，并彼此试图给对方留下深刻印象。不过，这里是一些你一定要表达的关键点：

- 我们知道有问题，并且有计划解决。
- 项目团队持有一份备份计划让项目尽可能保持进度。
- 我将会让你持续知晓项目进展。
- 当我们解决问题时，我需要你的支持。

这种情况下，建立正确的视角是最重要的。要记住，在问题和项目正在致力的解决方案之间，要让讲述保持平衡。

你的发起人和这些人一直一起工作，因此，为了让他们相信你要告诉他们的内容，你要依赖她的判断确认他们将会需要的信息类型。在实际陈述前，给你自己和发起人充足的时间做一些迭代。如果你要作陈述，要多练习几次以确保你表现得平滑顺畅，手头要准备许多你应该会用到的备份数据和信息，这会向管理团队展示控制和自信。

在向运营和高管陈述时，说“不知道”永远都不是好主意。如果你被问到一个问题，而你没有答案，你的回答需要类似这样，“这真是一个好问题，但是我没有想到会在会上提出来。我将收集正确的信息，尽快为您准备。”要确保尽快找到数据，把它发送给所有感兴趣的人。这个时候你的职业信誉处于风险中。你还需要问下自己，“我能提前知道这些问题会被提出来吗？”

对时间敏感的决策

另一个我经常遇到的情况是我们需要来自运营的决策。许多时候，发起人可以直接拿起电话，但是想先交流情况达成共识。这是很好的管理方式，将会为你的项目提供更好的支持，除非是你的发起人花了太长时间建立共识，这会让你和项目进度处于风险之中。

让你的发起人意识到决策的时间敏感性及其相关的影响是非常重要的。对于如果决策/共识滞后将会发生什么，要给你的发起人清晰明了的指引。请记住你的项目只是你的发起人的许多优先事项——不仅是运营业务取得各种目标——之一。当你正要为 WBS 建立实际估算时，要务实面对估算时间，这会促使你的发起人做出决策。此外，要记住你的发起人所采用的决策制定风格。按照我的经验，我发现发起人做决策有三种方式。他们的定式如下：

1. 人：这样的发起人非常关注其他人，想要表现得公正无私，对建立关系感兴趣。但是，这个方法可能让他们过多介入别人对于决策的强烈情感，他们可能会对事实视而不见。

2. 行动：这样的发起人倾向于急躁，想要立刻得出答案。

这可能对你有好处，让你的进度得到关注，但是也会从相关方群体招来反感，因为他们没有被请教。

3. 内容：这些发起人重视技术信息，测试各个方面以便明白和理解。他们欢迎复杂而有挑战的问题，但是因为他们也设法着眼问题的所有方面，所以可能要花很长时间做决策。

记忆要点

■ 利用发起人和运营小组高效沟通，你将会收获真正的结果

■ 和发起人一起工作提供好消息和坏消息，以便保持问题可靠，未经修饰，但也要平衡

■ 和发起人紧密工作让其他的管理团队了解你的项目，保持一致，提供支持

■ 当决策对时间敏感时一定要说清楚，但也要承认政治和复杂性经常意味着决策将会比你所愿意接受的时间更长

第 18 章

利用发起人获取运营支持

为了说服运营从项目接收可交付成果，让我们回顾一下关键的需求：专业和权威。除了这两点必须的需求，还有：

1. 为运营提供成功所需的培训
2. 就实施之后如何评估绩效进行沟通

事实上，你可能会想到把后面两个需求看作两个独立的项目，按照平行轨迹运行，直到项目结束，如图 18.1 所示。

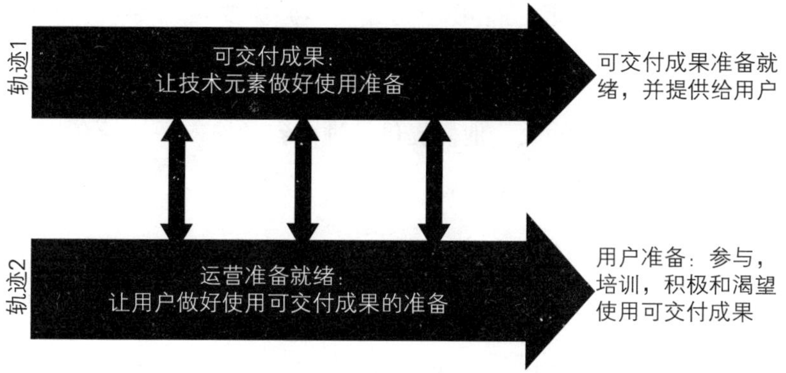

图 18.1　关于运营准备就绪的双重视角

提供运营需要的准备培训

项目经理往往轻视培训，并提出疑问，“为了让项目工作，人们会想知道什么呢？”我建议实施培训计划要关注这个问题：“为了让项目成功，人们需要有能力去做什么呢？”聚焦于“做”而不是“知”，是一个关键区别。从事关学习的解决方案切换范式为事关工作的解决方案。根本而言，是人在做工作，因此焦点在“做”而不是“知”。在项目执行期间，按照职能培训和能力培训的计划来做。

制定内容

通过招募公司里被别人看作专家或高度成功的人——

“明星”，你的发起人能够帮助你。你会需要培训专家，他们精通本行，但是他们也经常需要来自别人的内容帮助。这些明星是做质量保证的人，他们提供培训内容的输入，使受众相对于“知”，更收获“行”。

不过，你可能会需要发起人的帮助管理这些明星。原因在于，知易行难。他们是业务明星，因此他们通常还参与其他任务，而不只是你的项目，更不用说他们还有自己的日常工作要做。

在商业领域和足球领域，许多普通准备，导致惊人结果。

——罗杰·斯托巴赫，足球名人堂

成功的房地产商

当这些人是在你的发起人控制范围之内时，你能够更容易招募他们，因为你的高管能够就他们参与项目协商得更容易一点。我使用“更容易一点”，是因为即使他们的高管想要他们参与，他们的直接上司会竭尽所能抵制。你必须记住这些明星和他们的上司负责大部分运营工作，他们的口碑是通过日复一日实实在在运营业务来取得的。他们的运营上司视将他们同时分配给另一项任务为一个巨大风险。

减轻明星的上司的抵制的一个办法是，拿出一份针对现状的战略方案。

1. 找出有哪些任务是你想要的明星正在忙碌的。

2. 尽最大可能确定，与你的项目相比，这些其他任务获得何种程度的业务重视。

3. 尝试确定是否有办法来降低他们的日常工作量，以便他们能够投入更多需要的时间到你的项目。

如果采取这些步骤，你现在就知道你要去协商的人有：

- 你最初的发起人
- 明星的上司，如果发起人同意的话

你可以使用同样的技巧，从超出发起人职权的公司其他部分招募人员，但是要知道这些协商将会更加困难。你的发起人若要从其他高管的团队要求人力时间，需要你清晰界定明星的项目角色，同时要精确评估你需要他投入多少时间。

在我负责管理项目的多年之中，很少有高管表示反对他们的人来支持我的项目。我请求帮助，他们表示同意。不过，如果我向发起人解释我在四个月里每周需要这个专家两天的时间，我们就会有非常不同的对话。我相信你知道为什么。

当与其同事们协商一位他们的明星时，你的发起人也需要这类评估。不过，除了你要求的这一位明星，你还必须向你的发起人提供另外一名备选的候选人——无论是在他们还是别人的群体中。

你必须为你的发起人提供若这些关键人物不能参与项目则会导致的风险。你可以明确解释：

■ 进度，由于缺乏他们的专业度，将会花费更长的时间才能让活动完成；

■ 质量，因为如果他们缺席，可交付成果可能不够过硬；

■ 预算，因为没有来自公司的专业度，你可能需要雇佣承包商或具有那个专长的商业分析师。

■ 上述全部。

这是另外一个领域，我认为我们作为项目经理必须理解第1章讨论过的实际情况。相信我说的，当决定立项时，高管们甚至都没有考虑过这个因素——至少在大多数情况下。

交付内容

有时候，这些明星有讲台经验，他们能够帮助交付使用可交付成果的培训。在这样的情况下，我曾经让我的培训专家提供了一系列工作坊培训这些培训师，提供给他们所需要的技巧。培训专家能够帮助设计工作坊，帮助交付以及回答提问这样的技能知识。根据我的经验，大多数明星，如果他们具有基本的讲台经验，就会享受去培训别人。这给他们提供了别人对他们崇拜和尊敬的积极反馈。

对于没有讲台经验的明星而言，你仍然可以在工作坊里有效运用他们的有效性。在这种情况下，你让他们和专业的培训师搭伴，让明星为培训师提供支持。专业的培训师将会通过展示或陈述交付内容。有时候受训人员会问一些稀奇古怪的假设问题，这可能超出了培训师的知识。在这样的情况下，明星会来回答这些尖锐的问题，通过利用大家都理解的案例，帮助参与者理解如何运用培训。

每种方法都需要大量的规划和合作，因此不要低估每个方法的复杂性。无论是你还是培训师都需要建立详细的进度计划以确保明星们和参与者自身都有收获。

最后，你可能需要发起人帮助你鼓励人们参加培训。根据我的经验，日常运营工作看起来总会阻碍培训人员的参与。有时候，日常工作占据了他们的时间，有时候这仅仅是因为他们不想参加而找的借口。

利用职权交付培训

当人们找借口不来参加时，就适合靠职权来说服。在这种情况下，我假设培训必须是向运营移交内容的组成部分。如果培训不是必须的，要确保在和发起人做项目评审时纳入潜在的风险。这又回到“没有意外规则”。对于在你的发起人控制范围内的人，发起人必须让经理们知道他希望人们来参加培训。即使那样，有些经理可能仍没有注意到，那就要仔细观察谁需要来参加，谁没有什么帮助。对于你的项目成功而言，非常危险的是持有假设“如果他们不出现，就是他们的问题”。因为事实并非如此：这是你的问题，你需要发起人的帮助。

如果向发起人的同事汇报的人没有来参加培训，发起人也可能需要刺激下他们。因为没有直线职权，你的发起人不得不成为处理这个情况的人。如果你请求发起人介入，你需要给他提供两条关键的信息：

1. 从各类部门或群体来参加了的人数
2. 其他部门和这些高管的部门之间的上述人数对比

这些数据的对比会刺激高管的神经，他们想要在他们的运营小组体现控制。数据是打破抵制行动的最佳方式。

绩效评估和项目可交付成果

项目经理在为运营做准备时的最大障碍之一，是要确定一旦进入日常运营，来自项目的可交付成果究竟是必需的还是可选的。基于我过去多年做系统项目的经历，那真是相当艰难。大多数时候，高管和我的发起人把使用新系统看成是强制的。在我的项目里，旧系统有毛病，人们建立变通方法弥补其不足。也许并不令人惊讶的是，人们看起来想继续使用他们已有的工具（通常是电子表格）。我认为其原因在于，相比于给予他们的东西，他们更相信自己建立的东西。

这是另一个要与发起人一同进行的讨论，关于在项目投入运营后，实际使用项目可交付成果的责任。关键问题在于，使用新的可交付成果和有关的商业行为，是否会成为绩效考核的一部分。我们都知道，如果人们在某方面不被评估绩效，他们就倾向于忽视它。

话虽这样说，请记住如果要将使用新流程、程序或系统列为绩效评估的一部分，你就需要让人力资源部参与对话。对于大多数组织来说，改变绩效评估机制是众所周知的困难，需要你的发起人介入或提供符合期待的支持。否则，这就不会有效果。

一个要吸取的最艰难的……教训是，相对于组织整体的关注点，应更在乎部门的忠诚和个人的利益。

——杰弗里·K. 平托

《权力和项目管理》

为项目可交付成果做运营准备，既困难又费时间。不过，恰当地投入准备运营的精力和时间，对于项目的最终评价至关重要。

记忆要点

■ 为了获得运营支持，发起人必须介入

■ 利用公司明星保证培训质量，甚至可能参与培训交付

■ 利用发起人或其他高管的职权确保人们参加培训

■ 和发起人一起工作，以确认绩效评估是否需要因你的项目可交付成果而变

第 19 章

就跨职能问题获得帮助

就跨职能的问题获得发起人的帮助，这非常重要。作为项目经理，你将会经常组织相关方一起讨论问题和内容。当你不能解决问题，以及形形色色的相关方采取不同的立场时，发起人就能提供巨大的帮助。根据我多年的经验，这些问题在牵涉某些特定人群之间的人际关系时会变得非常情绪化和难缠，从而变得更难于解决。

对于项目经理和高管发起人就这些问题一起工作的方式，我有两个重要原则要提醒你，在前面章节提到过：

1. 永远不要让你的发起人吃惊
2. 从开始时就拥有预先确定的升级流程（见第 16 章）

你的发起人将会明白跨职能问题是她必须介入的事情。不过，她会需要你的帮助解决问题，以让你获得你需要的答案。如果这些跨职能问题需要不止一次会议才能解决——它们大多如此，我通常会让我的发起人知道。最开始，我会就问题及其解决策略向发起人提供高层级的概述。除非我和团队尝试过并且不能够达成共识，我不会把所有问题摆在她面前。

多年来面对这些情况的教训之一，就是经常出现争论的原因在于相互争执的相关方实际定义问题的方式不同。因此，他们对于如何解决问题会得出不同的结论。这个情况的根本原因造成了相关方的彼此屏蔽。也就是说，每一方只是从他们的角度描述所看到的现象。我和发起人分享了这个收获，她就明白了我在寻找根本原因。我想确定是否有来自职能团体的高管们给其团队执行解决方案带来了压力，发起人具有交际技巧用可接受的方式扭转这些压力。很少有高管会反对根本原因分析，他们只想告诉他的“选民”，他们曾经为其奋斗，并且马上就有解决方案。

发现相关方视角

首要的任务是从每个人的角度收集数据。我要尽力收集事件的时间线，因为我可能需要通过和发起人回顾这些来解释这个问题。我在寻找的数据是：

- 定义哪部分的业务流程受到了影响？
- 从每一个相关方群体来看，问题看起来会何时发生？
- 失败事件多久发生一次？
- 如果可能的话，确定失败事件的准确时间和/或位置。

为了让流程工作更有效，我请求发起人允许创建一个工作组，以代表所有受到问题影响的职能领域。这个工作组被赋予的任务是评审数据，识别每个问题的可能原因，以及是什么有可能导致了它的产生。我通常要求工作组里不要有已经在项目工作委员会的人。我寻求的是由工作组提交给工作委员会的建议。

在这样的情况下，我想让工作委员会做出关于建议的决策，而不是关于项目。正如已经提到的，对于工作委员会来说，从日常工作中抽出时间而又不增加问题分析和顶层建议的负担，是相当困难的。不过，我需要发起人批准这个策略并且同意提供支持。

很明显，首要的目标是识别解决问题的因素和成果。不过，按这个方式来开展还有另外的动机：我想让相关方的注意力放在解决问题而不是“取胜”上。一旦局面演变成竞争，你就在把发起人置于困境。此外，我现在有充实的数据提供给发起人，如果她必须接触一个或多个她的同事协商解决方案的话。

这个流程中的一个危险是，你开始思考时，就觉得已经知道了根本原因。如果你从那个假设出发，就会让调查走偏，导致你向着先入为主的答案迈进。

如果相关方评审根本原因分析，并同意了我们的问题解决方案，项目就会继续推进。

另一方面，如果达不成一致，那么我必须让发起人介入。因为在我们尝试取得解决方案的过程中，我一直让她保持知情，如果出现僵局，她通常并不感到惊讶。

升级以获得解决方案

如果跨职能的问题不能通过刚刚描述的流程得到解决，那么这个问题就要不得不被升级到发起人和其他高管，他们代表着被涉及的职能群体。

这种情况下，至少存在两个相互竞争的解决方案，常常还不止两个。此时，项目团队将不得不为高管整合一个决策支持包（DSP）用来做决定。

从决策的目的出发

你有必要澄清你需要来自高管的决策的目的，从通用的问题定义开始。决策应当反映商业论证或最初允许项目获得批准的目标。

待考虑的选项

在这一步，你要向高管提供工作组和项目团队考虑过的选项总体介绍。此外，每个选项的风险和收益应该同它们各自的商业信誉保证一起提出来。很明显，你应该有充分数据支持每个选项。那可能包括：

- 受到影响的商业流程
- 报告
- 任何其他的有关事实和人物

根本原因分析期间收集的全部原始数据，以及任何其他后续工作，应该也让这些高管们能够接触到，如果他们想要的话。

最后你应该对每个选项做一下影响评估，包括项目进度、预算、范围和质量。

时间敏感性

不幸的是，在我的经历中，这类决策很少迅速发生。你应当尽可能尝试让项目保证进度，但是如果项目花费的时间超出了你能够应付的限度，你一定为你的发起人提供一份项目影响评估。还是不要吓到他们。获得信息的同时你就要开始这个过程。

为了这个目的，我建议你在任何讨论问题的会议之前就把决策支持包提交给高管。我的经验是，不到会议前 20 分钟，他们通常不去看材料，你不要为此灰心丧气而不去提供材料。作为责任的一部分，高管们经常到外地出差，这就给他们提供机会能比平时做更多的深入评审工作。在会前，我也会让高管把信息转交给受信任的副手温习。高管会询问他们的意见和想法。

陈述信息

大多数时候，会议成员包括了负责各个职能群体的高管。

如果的确如此，你就要和发起人仔细规划会议策略。你要留心弄清楚你在会议上被期待的准确角色。

- 陈述和维护材料？
- 通过介绍材料支持发起人？
- 为出现的问题提供答案？

此外，要和发起人弄清楚会议的目标。你到那里只是分享信息吗，或者你要尽量以某种方式激励他们采取行动？

也要回顾下第 7 章关于倾听风格的信息，评估每个人大多数情况下的风格类型。如果你不确定，则与发起人一起评审倾听风格，获得她的意见。

处理问题

当你和高管们一起工作，且他们问你问题时，你首先必须要做的事就是理解问题的类型，因为这会影响到你回答的方式。让我详细解释一下：

- **直接型问题：** 这很可能是你最经常想到的问题类型。

他们在简单询问你信息，他们期待得到信息或数据。

■ **总结型问题**：这个问题常用这样的措辞，“你的意思是……”此时，他们在用自己的语言复述他们听到的内容，并且寻求澄清以便他们从你那儿听得更准确。

■ **逻辑型问题**：这个问题是在挑战陈述或支持材料中的事实和/或结论。基本来说，他们正在说的内容并不能支撑其观点。回答这类问题，要克制急于说服的冲动，只需把你看到的事实摆出来。你需要依赖自己的经验，结合事实，来解释你回答问题的逻辑。

■ **自我型问题**：这类问题通常以高管的个人经验为中心。例如，他们说：“我们之前在我们的群体尝试过那个方案，但是它没有用。”要再次克制挑战别人经验的尝试——你不能那样做。人家的经验就是经验。相反，聚焦于你的经验或特定主题专家的经验，他们可能对解释建议或流程有过不同的经验。只有你不去挑战他们的经验，他们才不会去挑战你的经验。

■ **如果有必要就进行复述**：如果你不确定，使用复述技巧来澄清。用你自己的语言来提出问题，他们会告诉你是否正确，或者他们会就他们认为你已经误解的方面提供其他信息。

简而言之，首先一定要对你听到的问题的类型进行评估，然后以合适的方式回应。如果你直接用个人经验回答，你给高管留下的印象就会是要么你回避答案，要么不知道答案。如果正确处理了这些问题，你就会给正在一起工作的高管留下积极的印象。

最后，一种最困难的提问是用“为什么”来开始的。“为什么你们相信这个呢？”“为什么你们用那个特定的方式来评估风险呢？”对于这类问题，我曾利用简单的缩略词帮助回答——“REP”：

- 回答这些“为什么”问题的理由和逻辑（R）
- 支持理由的案例或事实（E）
- 你合乎逻辑的要点（P）

当你结束回答时，要确认提问的人感到你已经做出了回答。要明白他可能不同意你的理由或案例，但是你已经提供了他能够考虑的答案。

回顾一下，当你从发起人那里寻求帮助以处理跨职能问题时，要记住这些关键点：

- 使用根本原因分析技术，帮助定义问题和收集数据

- 确保必须做出的决策的目的是明确的
- 评审所有被考虑到的选项，以及谁在评估选项
- 为了创造紧迫感，让高管们意识到时间敏感性
- 和你的发起人做计划，确定由谁以及如何来介绍这些信息
- 在回答前首先评估问题的类型，以高效处理问题

记忆要点

- 使用根本原因分析
- 使用升级流程达成解决方案
- 确保让你的发起人了解任何的时间敏感性
- 认真准备陈述信息
- 基于被问到的问题的类型来提供答案

第 20 章

在公司政治旋涡中把握方向

在本章，我想要涉及的是如何与你的发起人和其他高管一起工作，以及公司政治的消极方面。根据我和许多项目经理的交流经验，公司政治环境是最让人无奈的需要去面对的方面之一。我认为部分无奈是由于对究竟发生了什么缺乏理解，特别是涉及决策制定和采取行动的部分。

政治图景在大多数公司始于组织结构图。组织结构图定义了在一个给定时间中谁向谁汇报，以及人们之间的关系。但是，这只是政治的一部分。政治的另一半通常与组织结构图上坐位置的人有关。正是在这里，正式层级被建立，并影响到谁能够在何时接触到信息。

例如，在我曾经工作过的某些公司，负责人力资源的高管是能够影响 CEO 做决策的人。而在我曾经工作的其他一些公司，同样位置的人看起来则好像忍气吞声，我看到其行动服从于组织结构图上平级的其他人。个中区别是什么？项目经理怎样才能利用它获益呢？

可信的建议者

理解上述区别的关键，在于看到“可信的建议者”这个概念。当一个人被视为可信的建议者，关键的决策制定者（在我们的这里是发起人）就会在解决商业问题时向其寻求建议。那角色不同于担任一名专家——在我们这里，即指一名管理项目的专家。那么，就让我们看一下一名专家和一名可信的建议者之间的区别吧。

韦氏词典把“可信”定义为“对于某人在可靠、能力或力量方面的坚定信念”。

看起来老生常谈，但是项目经理和发起人以及其他高管相关方的关系，是建立在信任的基础之上的。信任绝对不可或缺。这就是我反复强调下面这点的一个理由，你必须永远都不要让你的发起人遭遇惊讶。如果他曾经被吓到过，他对你的信任就降低了，关于项目他会开始小心翼翼地和你相处。

信任积木

信任积木基于四个条件建立：

1. **可信**：“我相信你所说的。”
2. **可靠**：“我能够依靠你。”
3. **信心**：“和你讨论这个我感到舒服。”
4. **人品**：“我相信你诚实并且有道德。”

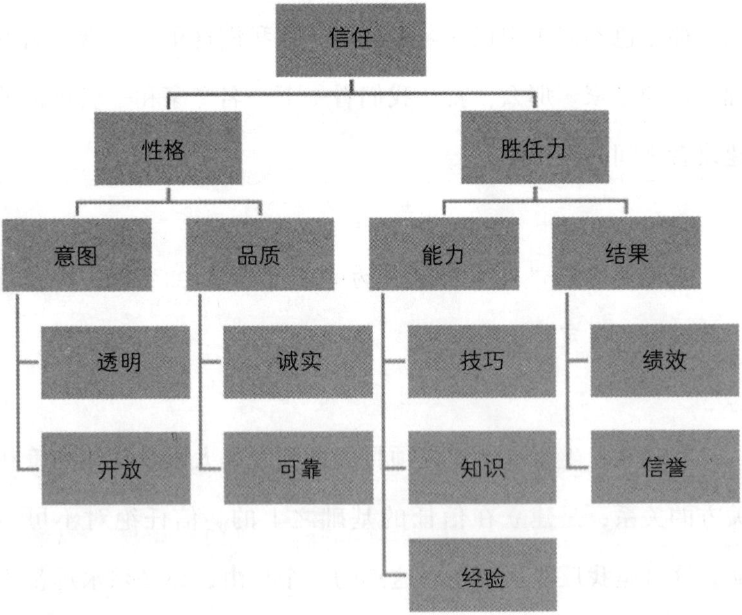

图 20.1　信任积木

来源：改编自雷耶斯・贝拉斯科（Reyes Velasco）

这四个积木所依靠的基础如图 20.1 所示。所有这些元素都是重要的，我的经验告诉我，透明和绩效是成为一名可信的建议者的必要元素。

强调解决方案

当重点关注解决方案的时候，发起人将会开始信任项目经理。既然我们会需要发起人帮助解决问题，那么重要的就是我们不只提出问题，还要提出发起人能够实际帮得上的解决方案。重要的是要记住，我们的发起人可能并没有影响力让其他高管实施解决方案。发起人只能要求其他高管提供帮助。

例如，我正在为一位技术副总管理一个项目。我们的项目影响公司在全世界的运营，而我们在获得一个亚太办事处的参与方面存在困难。在该情境下，我们知道解决方案是什么，但是我们需要区域总裁命令他的人来参与。在该情境下，区域总裁的地位高于我的发起人。当时的局面是基于组织结构图的公司政治影响了我们能否完成项目。出于甚至连我的发起人都永远不能理解的原因，区域总裁认为在他的地区经营目标的优先级更高，他宁愿牺牲项目实施。

在这个项目里，我们在那个区域的项目上线并不成功。不过，我的发起人有能力凭借一份清单顶住对项目的批评，这份清单包括了我们曾经提出的要求，为什么我们要求这些行动，以及我们收到的答复。

以商业目标为核心

回顾第1章，我对高层批准我们的项目所用到的流程进行了解释。项目的批准意味着管理团队决定投入公司资金取得商业目标。有时候在一个长期的项目里，商业气候或形势会发生改变。我们必须一直注意，调整项目，响应这些变动。然而，不要试图没有经过和发起人的深入磋商就做出这些变动。发起人通常有我们不知情的额外信息。只需提问并且寻求指导，即能够给予发起人信心，并增加你作为可信的建议者的形象。

接受高空掩护

我曾经和身为空军退伍老兵的项目经理们一起工作多年，他们描述了他们接收到的来自发起人的保护——“高空掩护”。这是一个空军术语，用来形容在战斗中，如何利用飞机保护地面的步兵。我认为，对于我们正在寻找的来自发起人的支持类型，“高空掩护”是一个特别合适的术语。

根据我的经验，如果你曾经和发起人按本书建议的那样一起工作，他就能够提供高空掩护。我所提炼的战略战术，让我接收到了这种支持。这也意味着成为一位项目上可信的建议者。

话虽如此，即使一位伟大的发起人也不能避免项目的一些影响因素。例如，我正在为公司的 CTO 做一个项目。这个项目与项目审批和实施的流程步骤有关。我认为可能没有比这位高管更好的发起人了。但是，他也有老板。在进入项目两个月后，CEO 找到我的发起人，要求削减所有关于项目的预算。不幸的是，虽然这里是技术部，并且我的项目和实际技术无关，它还是和其他一些没有被列入优先清单的项目一起被取消了。

公司政治的消极因素

遗憾的是，我们不得不警惕，让我们自己和我们的项目尽可能远离公司政治的消极因素。这类因素也被称为潜规则。一些消极因素如下：

- 谣言
- 阴谋

- 操纵
- 结盟

让我们逐个审视它们，我将基于我的经验尽量给你提供建议。

谣言

我们趋于关心别人的流言蜚语，还有他们个人的私事。这千真万确。不过，有些人会利用谣言来败坏项目、它的发起人以及项目经理。其原因是广泛的，但通常是为了让相信谣言的人帮他们达到个人目的，即踩着别人往上爬。

如果你想一下在前面章节提到的环境，就会记得在高管层面，这些人坐在雄伟金字塔的顶端。他们已身为高管，并不意味着他们就没有野心。例如，有人会和你的发起人竞争，来取代三年后要退休的 CEO，他们可能已经把自己定位为宝座的竞争者。

我发现战胜流言蜚语的最佳方式，就是拥有一个强大并且目标正确的沟通计划。如果被传播的对象已经知晓充分的信息，那么传播关于什么已经或未在项目中发生的质疑就是非常困难的。

我也建议你提前建立一个好网络来应对可能传播的流言蜚语。处置谣言要迅速，尽量找到源头。如果你发现了源头，我也建议你通知发起人。这个信息对于你的发起人是有用的，因为造谣的人可能还不是真正的源头，可能只是从高管老板那里道听途说了“消息”。识别源头能够帮助你的发起人小心处理和其他高管的关系。

阴谋

为了理解这类办公室政治，可以把它们想成一系列的诡计。首先可以试图理解潜在心理回报。项目经理有时候在阴谋诡计方面是“有罪的”。举个例子，阴谋诡计可能表现为“没有坏消息”的游戏。项目经理不想让发起人坐立不安，因此她封锁有关项目的负面消息。当然，这有时候会奏效，如果能在发起人开始意识到问题之前就把事情解决。不过，通常事情越变越糟，项目经理就破坏了发起人对她的信任。

其他的阴谋诡计可能与项目实施后将会给公司带来的改变有关。通常，负责已有系统、流程或程序的人会不高兴，他们抵制新的工作方式。这些高管可能开始要阴谋，因为他感觉自己在公司里的权力基础受到了威胁。

在这种情况下，拥有一个强大、综合的变更管理计划就必不可少。变更管理计划阐明了工作受到牵涉的人们的收益，包括强大的培训组件，能够战胜阴谋诡计。

操纵

通常，办公室政治的根源在于操纵。在这种情况下，有人下决心破坏项目。一个例子是，一位高管已经承诺提供技术资源给你的项目团队，但是却不让当事人在本职工作之余有空闲时间参与。一些有奉献精神的人尝试兼顾两份工作——但是毫无疑问，一个人的日常工作职责将总是优先于承诺的项目工作。同样地，看一下操纵可能带来的潜在回报。你和发起人需要整合策略来终止这个行为，那么你们就需要在风险登记册上跟踪减轻的方法。

结盟

在任何组织——公司也不例外——结盟都会自然地发生。战胜这类办公室政治的一个最强大的方法是观察谁和你的高管发起人在一个联盟里。你可能想或可能不想实际讨论这个方面，除非你已经成为了可信的建议者。不过，当你的发起人讨论其他高管团队成员的时候，你可以仔细观察和倾听。

你将会分辨出你的发起人欣赏谁，谁又欣赏他。这些结盟对于应对我谈过的其他消极方面非常重要。在我领导的一个项目里，办公室政治非常残酷，我识别了我的发起人已经建立的联盟——以及他不喜欢的那些高管。我的发起人和我，为盟友建立了综合的参与计划，为对手建立了不同但仍然强壮的沟通计划。这奏效了，我的发起人最终成为公司的 CEO。

记忆要点

- 努力争取，成为可信的建议者
- 持续强调解决方案
- 总是以商业目标为核心
- 对于办公室政治，洁身自好，但有计划来减轻风险

第 21 章

吸引高管参与跨国和跨文化项目

为了讨论如何与你的发起人和其他高管在跨国和跨文化的项目上一起工作，让我先来解释一下，一般来讲我是从一名来自北美——具体来讲就是美国的个人角度出发。虽然我曾在加拿大的多伦多居住，但是我的大多数项目是从美国发起和管理的。因此，当我建议特定的想法或概念时，我非常希望你会了解它们在你的国家可能不会奏效。请你采用我提出的建议，还要加上你个人和专业的判断及经验来做相应的调整。

通用的商业语言：英语

我感到非常荣幸，全球通用的商业语言是英语。因此，我曾经一起共事的全球专家们的英语都非常熟练——无论是说还是写。这样一来，上述情况在很多方面为你带来确信的同时，它也提醒你注意到你可能在做出并不真实的假设。

我也曾经在英国做过一些项目，那里所有的项目参与人的母语都是英语。不过，“我们彼此都应该理解对方在说什么”的假设可能是错误的。我用来解释这点的一个普通例子是“boot”这个单词的使用。我在得克萨斯州休斯敦的公司总部，当有人在这里使用“boot”这个术语，几乎一定指的是鞋类。然而，如果我在英国的同事在交流时使用同样的术语，他们更可能指的是他们私家车后面的存储空间。

现在想象一下有一个项目组是由来自多个国家的人组成，英语对于他们中大多数人是第二语言。潜在的理解错误或引用错误就会更多。

在这些项目里，我非常努力地解释有关的风险，并与我的发起人配合保证沟通专员为项目提供服务。我非常相信，确保沟通成功的最好方式，是拥有一位英语熟练并且对项目团队大多数成员的母语也很熟悉的人。

支持我的要求的最重要数据，来自我对世界上最大的油田服务公司所做的一次调查。调查的目标是发现预言一个成功项目的最好方式。因此，我要求来自全世界的项目经理向我回答如下问题：“你如何预测一个成功的项目呢？”我承认我对开展调查的偏好让我相信自己会收到如下答案：

■ 良好的范围定义

■ 清晰的商业目标

■ 全面的协议和工作说明书

我并未获得预想的结果（上述这些很重要，但不是主要因素）。接近四分之三的项目经理指出，最重要的因素是有效的沟通。如果项目团队成员之间以及项目团队和客户（要记得他们是从事油田服务的人）之间的沟通非常有力，那么项目就几乎注定会成功。如果这两方面中的一个或全部的沟通渠道很虚弱，那么项目也肯定会有问题。

权力基础

在跨国和跨文化项目里，对于权力基础的敏感性是非常重要的要求。你需要和你的发起人密切工作，来理解作为项目一部分的，你正在打交道的不同民族和文化所需要的协议。

尽管在前面我提到了权力的两个来源——职权和专长，你还必须了解在许多文化里，职权是最重要的权力来源。在我负责的一些项目里，对我来说，与任何相关方群体的高管对话肯定是文化失礼。基于直线职权，他们只愿意和我的发起人对话。在这些国家，专长远远排在第二位。

我在第 14 章讨论过使用 RAPID 方法，来做出与范围变更有关的决定。不过，我认为和你的发起人扩展讨论范围同样是重要的。为什么呢？因为，在跨文化和跨国项目里，决策和沟通具有我们前面提到的公司政治分歧，而公司政治在文化背景下是无效的。

不过，我充分理解要获得你所需要的与发起人见面的时间通常是困难的，特别是当你进入了执行阶段。为了掌控这个局面，我和发起人一起工作来确认支持者。对于支持者，我要在广泛的相关方网络中寻找一位知名并受到尊重的人。我需要发起人来帮助我：

1. 识别正确的人来承担角色
2. 和支持者所汇报的高管协商，让这个人来参与项目

我会不断使用这个人来防止对我的沟通的无法预料的曲解，或对我的行动的误会。她也可能通过保持联系、当场讨论，帮助我形成反馈回路，从中可以听出对流言蜚语的提醒。

我会让支持者参加与发起人的战略会议，其明确的职责是让我和发起人摆脱公司政治问题。我并不会让他们总参加标准

的状态会议。

其他大障碍

除了语言和文化，管理这些复杂的项目还涉及其他潜在的障碍。这些因素之一涉及工作周期和国家法定假日。

在我管理的一个项目里，团队所在地分为三个地点：美国、法国和中东。因此，这个项目几乎每天都有人在工作，但并不都是同一天。进度会议变得棘手。考虑到时区导致的广泛差异，我不得不让我的发起人帮助我来理解在正常工作时间之外，在这些国家和地区当地举行工作会议的预期值。例如，在法国，对于雇主在正常的工作日之外可以要求雇员做哪些工作或其他行为（如参加会议），有非常严格的法律规定。显而易见，为了适应海外同事，美国的团队成员总是要付出最不方便的时间。我的发起人和我向这些人做出感谢的表态（例如，发起人在工作会上提供早餐或午餐并致谢），对他们的额外工作和/或利用业余时间工作所做出的牺牲表示认可。

术语和缩略语

每一个我曾经工作过的公司都有自己的独特语言。通常，甚至每个部门都有自己的速记法。很多时候，对术语和缩略语进行解密是一个新人需要克服的最苦难的事情。此外，对于来自其他国家以及英语是其第二语言的人，这件事同样也是困难的。

我不确定你能够消除这个术语惯例，但是你可以把环境弄得更好。我会将其在关键的相关方中间传阅，以便他们基于一定的规则来理解要用到的术语和缩略语。随后，我为项目上的人制定了词汇定义表作为参考指南。不过，在我发布词汇定义表之前，我的确发现发起人有时特别热衷于消除特定术语和缩略语的使用。他们对此都有自己的理由，那就是为什么我在发布前一直等待获得批准的原因。

人力资源

对于项目过程中你可能需要遵守的民族和地区法律，和你的发起人协商总是非常明智的。你的发起人可能让你和人力资源部一起工作来充分理解你必须了解的所有方面。例如，如果你要去访问一个地方，因为那里有些工作即将完成，那么你需要签证吗？在一些国家，如果你只是参加会议，没有签证也是允许的。不过，如果你想要停留几周，在项目上实际工作，那同一个国家就可能需要工作签证。

我曾领导过一个在挪威的项目，对于人们被要求开始工作的时间以及必须被允许回家的时间，那里的法律都是非常严格的。事实上，我了解到如果我在下午 6 点以后还想留在大楼里，我需要获取特别的许可！

敏感性

当在一个跨民族跨文化的项目中工作时，你必须考虑到众多的敏感性，并要和你的发起人讨论任何可能的问题。大多数时候，发起人曾经到过这些国家，对于你应该或不应该做什么，能够给你一些好建议。

同理心是理解别人并与其分享感受的能力。

——引自韦氏词典

不要像我听到过的一位项目经理那样，完全没有敏感性。这位项目经理邀请整个团队参加开工宴，庆祝项目启动。他选择了当地最好的饭店，恰巧是一家牛排餐厅。问题在于一些团队成员来自印度，根据印度文化，牛是圣物。不幸的是，由于印度人没参加，开工宴没有起到预期的效果。

我猜测，如果项目经理征询在哪里举行开工宴，发起人可能会提醒他。特别不幸的是，这个事件的负面影响持续了好几个月。

记忆要点

■ 尽管英语是通用的商业语言，也要注意保持人们对于工作有共同的理解

■ 和你的发起人一起工作，确定在海外地区能够最好地满足你要求的权力基础

■ 和你的发起人合作，理解在特定的文化或国家你必须遵守的礼仪

■ 对于其他可能影响你的项目的大障碍，要保持注意

■ 当和其他国家或文化的人一起工作时，要注意术语和缩略词

■ 和你的发起人和人力资源部一起工作，确保你的项目遵守项目工作人员所在国家或地区的法律法规

■ 对于你不熟悉的其他文化和宗教活动要保持敏感性

第 22 章

处理与其他任务的竞争

每一位项目经理很可能都有过这样的时候，他们的项目突然出乎意料地受到公司里同时进行的其他任务的影响。当你的项目成员正在撤出导致了进度延误时，以及当同样的项目分散了你在非常重要的工作上的注意力时，挫败感就会攀升。这些情况可能会影响：

- 项目团队成员的可用性
- 所有项目都要面对的政治氛围
- 当商业部门为项目可交付成果做准备的时候，其他人的可接近性

得不到管理层的支持甚至兴趣，这种孤立无援的感觉可能导致严重的士气问题。要管理来自其他任务的竞争，利用你的

发起人是一个关键成功因素。

好消息是，通过将吸引发起人的正确参与和合适的沟通结合起来，你能够缓解那个局面，并让你的项目处于高管关注的焦点，你就能够让意外对项目的消极影响最小化。

如果要成功管理内部竞争，所有的项目经理都必须坚持一些关键原则：

1. 保持情景意识（对于可能导致潜在优先级或资源冲突、影响项目成功的其他任务的感知意识）

2. 做好横向和纵向的沟通规划

3. 快速处理潜在的冲突

保持情景意识

项目经理必须特别关注在项目期间同步进行的其他商业举措。由于大量项目同时进行，许多业务应接不暇。它们通常没有得到很好的衔接，导致人们为被要求承担的工作和变动的总量所压垮。

关于意识的另一个重要关注点是，当你和发起人就项目状态会面时，要讨论这类潜在的风险。对于我认为可能会——特别是从消极方面影响我的项目的特殊倡议，我会特别注意向我的发起人进行询问。

我总是吃惊于我的发起人拥有关于这些其他计划的重要信息，但是除非我特意去问，她不会想到要告诉我。我相信，由于我的发起人在负责经营时承担大量工作职责，除非我提到，她不会想到这些联系。

此外，我特别注意尽量和领导其他任务的项目经理建立私交。这通常包括邀请他们每一两个月共进午餐，交换故事，闲聊和获得建议。不过，午餐的主要目的对我而言，是要发现这些问题是否会影响到我的项目。我的态度是，如果我不亲力亲为，则不能指望我的发起人来调和来自其他任务的干扰。

我也会确保我正在执行与高管的沟通计划。你可能会问："沟通如何为这个情况提供帮助呢?"事实上，我不能通过沟通改变局面。不过，通过忠诚地执行我的沟通计划——包括持续不断地加强变更论证，我可以让高管们对我的项目有所了解。当我相信其他行动将会阻碍我的项目成功，特别是与进度有关时，我还会调整沟通计划。

例如，我有一个项目是实施新的库存管理系统，其中包括在运输部门做出流程变更。正如你可能猜到的，当我们部署系统时，其中一项重要工作是需要培训运输部门的人。我们必须培训他们了解新系统，并且按照新的工作流程使用系统。当我们正在执行计划，准备上线时，我不得不监督另一个正在扩展运输设施的项目。我担心的是，与我的新系统培训一样，培训需求可能与新的设施有关。我和我的发起人一同协作，来确保我能够让我的计划保持完整，包括了培训活动。我的担忧是，大多数组织不会考虑价值和需求，不能接受让他们的关键人员放下工作延长培训时间。

在和我的发起人以及其他高管一起工作时，我必须了解任务是如何衔接在一起的，是否存在对我的项目的关键路径的潜在影响，并据此做出相应的调整。经常发生的是，项目资源结构决定从矩阵结构中的业务部门借调项目团队成员。对于这些借调的团队成员而言，运营责任将会优先于他们被分配的项目工作。此外，最佳人选将会经常被借调到不止一个任务中，就因为他们是最棒的！你会不得不帮助他们管理他们的老板！他们必须平衡优先级，而答案不可能总是让我的项目优先级排在第一位。如果我试图采取那个策略，我将会失去该团队成员及其上司的信任。

在这种情况下，你可能也需要你的发起人的帮助。如果对于特定的关键人物，发起人没有直线职权，就会需要协商来保证他在项目上的参与水平。要这样做，你必须提供给你的发起人关于实际工作的相当详细的信息，以及为什么个人贡献和专业性对于达成商业目标是如此的重要。按照商业目标而不是项目需求来规划讨论。这些关键资源的上司可能不会感觉到有强烈的需求要支持项目，除非他们明白他们的缺乏参与会伤害到商业。如果发起人必须越过这些上司去和另一位高管协商，这个详细的信息也会对他有所帮助。

关于（公司政治）影响，要牢记在心的关键点是，它常常是一种关于权力和控制的非正式的方法。在靠近项目的目标时将影响力运用得好的项目经理，通常在幕后工作，谈判协商，讨价还价，或者收集或提供欠条。

——杰弗里·K. 平托[1]

在制订沟通计划时，要一直牢记这些领导层和管理层在商业里的多层次关系。这会帮助你充实一些所需要的敏感性，例如影响到他们部门的任务或项目。此外，要对他们的职权边界保持敏感，防止你用暴露自己对这些边界不了解的方式做出无意识的沟通。一个例子可能是，要求一群经理管理一个任务或项目的特定方面，这对你的成功很重要，但是却超越了他们实际实施的能力。类似这样的错误会导致，从那以后他们会忽视从你那里接收到的任何信息。他们会带着这样的印象离开，内心相当确定你不理解他们的情况。

快速处理潜在冲突

当你的项目和其他项目之间的潜在冲突激化时，不要忽视它们，不要寄希望于它们自生自灭。还要记得把潜在的冲突通知到你的发起人——避免惊吓！当你准备处理这些问题时，你必须评估：

- 责任
- 职权
- 义务

责任

你要非常清楚谁对当前的情况负责，并开始与之交流想法。这个人是你需要一起工作（希望）来解决问题的人。寻找你对这个情况的最小化需求，假如这些需求上升，在这些条件下做好协商的准备。一定要对你和发起人的评估责任进行评审，确保他们同意你在正确地处理问题。

职权

在有些情况下，你会没有能力成功协商解决方案，你需要确定谁有权力来做出让你和另一方都能够接受的决定。这就是让你的发起人介入的时机，旨在从更高层面采用策略解决问题。

政治气氛

当你正在就项目之间的潜在消极影响和别人沟通时，在你行动前要总是考虑公司政治局面。要记住，无论消息是写在纸上，或者是电子邮件的一部分，出于很多原因它们都很可能被别人看到。要一直用心牢记这些“第二读者”。第二读者是这样的人，他们不是消息本来要给的人（第一读者），但是他们能够获得这个电子邮件，并可能会对其内容有强烈反应。

第二读者会如何收到这些信息并做出反应？要记住，在政治性局面中，让这些信息简单直接。要小心谨慎，并记录每条信息。如果你曾对写便条的好处有所怀疑，可能的话，就不要在和发起人协商之前发出。最好是给某人打电话，或见面。当面沟通，会允许似是而非的否认。

大多数成功的商业人物，对于和别人交谈时什么是合适的非常敏感，但是许多人无法在书写时保持这一点。他们的书写常常过于死板和正式，或者太放松和口语化。为了语气恰当，你需要监督写作的两个属性——所需的激励程度和正式水平。

——理查德·贝尔克[2]

记忆要点

- 要承认你的项目不是公司里正在进行的唯一任务，你需要监督其他任务对你项目的影响
- 保持情景意识
- 快速处理冲突，使用所需要的技巧处理这些冲突

如果遵照本章的指导方针，密切关注其他争夺注意力的项目，你就会让你的项目处于高管注意力的核心，并且得到获取成功所需要的支持。

注　释

第 7 章

1　Kittie Watson and Larry Barker, Listen Up! (St. Martin's Press, 2000).

第 8 章

1　Charles R. Swindoll, Great Attitudes for Graduates! 10 Choices for Success in Life (J. Countryman, 2006).

第 10 章

1　Adapted from Vijay Verma, Human Resource Skills for the Project Manager (Project Management Institute, 1996).

第 14 章

1　SAP is a common ERP in North America and Europe.

第 17 章

1 Hans Finzel, The Top Ten Mistakes Leaders Make (Cook Communications, 1994).

第 22 章

1 Jeffery K Pinto, Power and Politics in Project Management (Project Management Institute, 1998), p. 260.

2 Richard Bierck, Find the Right Tone for Your Business Writing: Written Communications That Influence and Inform (Harvard Business School Press, 2006), p. 86.

译者简介

王磊，国际认证项目管理师PMP，国际注册管理咨询师CMC，北京航空航天大学项目管理工程硕士MPM，项目管理实战专家，致力于推广普及项目管理理念、方法、工具和实践应用，促进个体效能提升、职业生涯发展、团队高效沟通与企业升级转型。

他曾在多家世界500强企业和创业公司担任职务，历任高级项目经理、PMO经理和项目总监，并先后在中国石油大学、北京航空航天大学和北京大学学习机电工程、项目管理和信息化，拥有国内外多项认证和近20年管理经验。作为主持人和演讲嘉宾，他积极参与行业研讨和交流活动，活跃于项目管理、信息化、职业规划和个人成长等社群。他参与策划、主编或翻译、审校了多部图书，如《项目管理知识体系指南》《微权力下的成功项目管控》《全能项目经理的12堂必修课》《全能项目经理工具箱》《新版一页纸项目管理》《CIO新思维》和

《互联网+时代的数字化转型》等。

欢迎广大读者批评指正，联系交流。

做好人生项目
收获精彩人生

PROJECT YOUR LIFE

项目管理人生

微信：33654000

微信公众号：项目管理人生